一路坦途

教你职业生涯不走弯路的 10 个法则

徐　琳　著

山西出版传媒集团

山西人民出版社

图书在版编目（CIP）数据

一路坦途：教你职业生涯不走弯路的 10 个法则 ／ 徐琳著． -- 太原：山西人民出版社，2025. 6. -- ISBN 978-7-203-13869-3

Ⅰ．C913.2

中国国家版本馆 CIP 数据核字第 20254UQ330 号

一路坦途：教你职业生涯不走弯路的 10 个法则

著　　者：徐　琳
责任编辑：员荣亮
复　　审：李　鑫
终　　审：贺　权
装帧设计：优盛文化

出 版 者：山西出版传媒集团·山西人民出版社
地　　址：太原市建设南路 21 号
邮　　编：030012
发行营销：0351 - 4922220 4955996 4956039 4922127（传真）
天猫官网：https://sxrmcbs.tmall.com 电话：0351 - 4922159
E - mail：sxskcb@163.com 发行部
　　　　　sxskcb@126.com 总编室
网　　址：www.SXSKCB.COM

经 销 者：山西出版传媒集团·山西人民出版社
承 印 厂：定州启航印刷有限公司

开　　本：710mm×1000mm　　1/16
印　　张：13.25
字　　数：200 千字
版　　次：2025 年 6 月　第 1 版
印　　次：2025 年 6 月　第 1 次印刷
书　　号：ISBN 978-7-203-13869-3
定　　价：78.00 元

如有印装质量问题请与本社联系调换

前言

对于职场人而言，职业生涯可能会占据超过三分之一的人生岁月。在这漫长的职业生涯中，不同的人会有不同的状态。

同为高校毕业生，有些人虽然在校期间毫无出彩之处，毕业之后却很快就在专业研究领域出人头地；有些人在校期间表现不俗，成绩优异，进入职场后，却一直无法施展抱负，表现平平。

新入职同一家企业的毕业生之中，有些人能快速适应企业的工作节奏，在职场中如鱼得水，最终得到提升和发展；有些人却可能在实习期间就惨遭淘汰。

同样是选择在一家公司长期发展的职场人，有些人短短几年就可以脱颖而出，能力出众且人际关系融洽，或成为团队中的顶梁柱，或能独立带领团队助力企业发展；有些人则蹉跎数年依旧平平无奇，在普通职位上默默无闻，得不到晋升。

哪怕是在未来拥有广阔发展空间的某些技术领域，随着人工智能的崛起，以 AI 为主的新技术也会逐渐取代一些人；而被技术取代的职场人的生存空间则会逐渐缩小甚至消失。

时代的发展，让很多人的职业道路发生了巨大改变。无论你是尚未走出高校的学生，还是刚刚开启职业生涯的新人，抑或是已经在职场打拼许久的老职场人，都时刻面临着职业生涯中的艰难抉择。如果无人指点迷津，你很可能会走很多弯路，甚至会在关键决策上失误，导致整个职业生涯偏离既定的方向。相反，如果有人给予你一定的指点，帮助你在职业生涯的无数次抉择中做出更正确的选择，你的职业生涯势必将会更加出彩。

本书从自我感知、升级认知、规划未来、强势评估、职业人生、方向引领、追求卓越、品牌塑造、职业转变、规避风险这十个角度着手，一步一法则，力求引导大家在职业生涯上少走乃至不走弯路，更快、更精准地完成对自我的认知、对职业生涯的认识，从而规划属于自己的职业生涯。

本书希冀你通过培育职业价值观，寻找自己的人生使命，并挖掘出自身的潜力和天赋，在最适合自身的职业发展方向上，以正确的思维引领，稳扎稳打成就卓越，最终取得属于你的职场成功。

目录

第八章　品牌塑造·打造"个人名片"

第九章　职业转变·做人生的赢家

第十章　规避风险·职场危机与陷阱

第一章
自我感知·提升自我认知力

了解自我：四个基本维度

综观如今各行各业的职场新人、管理者，以至于创业者，不难发现他们的从业心态可谓天差地别：当被问及是否在自己的兴趣领域、天赋领域工作时，不少人会做出否定回答，也就是说，不少人感觉自己的工作领域和自身的兴趣、天赋、潜力等并不匹配。

如果再追问这些人在工作领域中的实际感受如何，相信答案必然会有疲惫、枯燥、乏味、不得已而为之、靠强大意志坚持等词，就如同他们的工作只是一种权宜之策。

但是，也会有一些人给予肯定的答复，即他们感觉自己的潜力、天赋和兴趣与所从事的职业匹配度很高。如果询问他们在工作领域的感受，他们的答案则不乏惬意、舒服、成就感爆棚、渴求度高等词语。

☞ 职业生涯的根基与核心——自我认知力

在现实生活中，有很多人本身能力很强，却因为进入了并不适合自己的职业领域，最终根本无法发挥出自身的实力，在职场中郁郁寡欢；还有一些人综合实力一般，却因为进入了自己擅长的职业领域，在职场中风生水起，逐渐登上职业生涯的顶峰。

老赵 40 多岁了，早就成为机械领域的高层管理者。当年，人工智能技术尚未取得突破性进展，老赵就已感受到了该领域的巨大发展潜力，于是凭借自己丰富的工作经验和管理经验，毅然决然地进入一家人工智能开发和应用企业，期望抓住人工智能领域的发展机会，为自己的未来开道。

老赵之所以会做出这样的决策，是因为他本就善于规划自己的未来。在他报考大学的时候，机械领域拥有巨大的发展潜力，所以他所选专业就是机械工程，毕业后很快就在机械领域站稳了脚跟，并凭借十几年的扎实经验，成了机械领域相关企业的高层管理者。

可惜老赵这次转换职业发展领域的抉择，有着很大的弊端。虽然凭借丰富的工作经验和管理经验，老赵接触到了人工智能领域，但是他所有的行业经验和行业洞察力，都偏向于机械领域，根本不适用于人工智能领域，他也没有料到人工智能领域的竞争会如此激烈，没两年企业就在竞争中败北，老赵只得离开该企业，重新寻找人工智能领域的发展机会。

之后的经历更是让老赵备受打击，他所接触到的人工智能领域的企业，虽然都认可他丰富的经验，但是却没有给予他进入企业的机会，甚至还有企业直接告知他，就是因为他的经验太过丰富，所以他才根本不适合在人工智能领域发展。

原来，老赵渴求的岗位都是人工智能领域的管理高层，而很多人工智能领域的企业真正需求要是拥有灵活思维、能快速变通的年轻人，即便没有任何人工智能领域的技能和经验，倘若能从底层做起，也能快速适应该领域的发展。

老赵的经验都属于机械领域的实践经验，他一方面对人工智能领域了解不足，另一方面又不可能从底层做起，因此被众多人工智能领域企业拒之门外。

上述案例中，老赵在能力方面极为出众，不仅经验丰富，而且拥有很高的管理水平，但当他进入并不适宜自己的职业领域时，他根本无法最大限度地发挥出自身实力。老赵会在职业生涯中出现如此重大的决策失误，其实根源就在于虽然他善于进行职业规划，但他的自我认知能力却严重不足。

俗话说："知己知彼，百战不殆。"战场如此，职场同样如此。要想在职业领域充分发挥自身的实力，就需要对"自我"有足够的认识，充分感知自身的优势和不足，有针对性地规划职业生涯，才能人尽其才。

老杨同样40多岁，是一家产品生产企业的顶梁柱。近几年，市场同类产品竞争激烈，虽然老杨多次提出希望企业投资人能更新产品生产设备，但是因为更新设备的成本过高，加之产品生产的人工成本也在不断飙升，所以企业投资人早就有了撤资的打算。很快，老杨所在的企业因为竞争力下降，不得不退出市场，老杨又一次下岗了。

其实，老杨出身农村，当年考大学的时候也是懵懵懂懂的，选了一个根本没有什么实用性的专业，从大学后半段开始，老杨就一直在打短工，并尝试过多种不同类型的工作，目的仅仅是补贴家用。大学毕业之后，老杨也没有清晰的未来发展方向，他按部就班地进入了一家企业，从底层开始做起，一步步积累经验。好不容易在企业中升职为管理岗，却恰好赶上了市场大变动，企业挣扎数月之后倒闭了，老杨不得不下岗。

这时的老杨30来岁，本该是意气风发的时候，下岗却使他备受打击，甚至让他在很长一段时间一蹶不振。不过，老杨毕竟是底层出身，有一定抗压能力，他听取了一位朋友的建议，利用下岗的时间复盘了自己的优劣势，有针对性地进行了学习和完善。与此同时，他用心寻找下一次机会，并顺利进入了一家产品生产企业，依旧是从底层干起，从车间生产、产品工艺设计到产品营销、行业分析，再到市场运营、售后服务，他都做过，而且对市场中各种信息的敏锐度一直在提高。

这一次下岗，老杨并未有丝毫气馁，而是凭借自己对市场信息的敏感度，选择进入人工智能领域发展，仍是从底层做起，在老杨的眼中，这只不过是另一段路程的起点而已。因为老杨对自己的情况极为了解，在步入人工智能领域短短一段时间，得益于谦虚好学的品质，他很快就对整个行业有了深层认知，并开始尝试将自己丰富的管理经验运用到工作中，没两年老杨就成了企业中的高层管理者。

对比老赵和老杨的不同境遇，会发现后者虽然对未来没有具体的规划，但一路摸爬滚打，从底层到高层、从生产到管理，老杨非常熟悉全工作流程，更有非常丰富、扎实、可应对复杂状况的管理经验，承压力强，因此非常适宜在竞争激烈的人工智能行业中谋发展。

老杨之所以能力压老赵，从生产领域直接成功破局进入人工智能领域，最主要的原因就是老杨对自我有足够的认知，且清楚地知道自己的优势在哪里，从而快速实现了职业领域的过渡。

☞ 四个维度切入——了解职场中的自我

进入职场后，想要让自己的能力、潜力与职业领域相匹配，最大化发挥出自身的实力，并以此为跳板不断丰富和完善自己，真正在职业生涯中诠释自己的精彩，就需要对自我足够了解。对此，可以从以下四个维度切入。

第一个维度是你的智慧。这包括你的智力因素、知识底蕴、经验层次、信息处理能力、思考分析能力等。智慧是决定你能力的基础，从事任何职业都需要以智力因素为基础，结合认知能力学习各种知识，总结各种经验，获取各种信息，再通过思考和分析，将实践经历转化为各种经验。

通常情况下，大家在学生阶段主要是在积累知识、学习技能，而这个阶段彼此的智慧差距并不大；步入社会后，才是真正培养智慧的阶段，因为只有在社会中不断实践，解决实际问题，才能以积累的知识和技能为基础，不断获取经验、总结教训，最终沉淀为智慧与能力。

第二个维度是你的情商。这包括你的情绪控制力、压力管理能力、沟通能力、处世能力等，体现在职业生涯中，就是你的交际水平和协调水平。

人的情商在职业领域的重要性贯穿始终，毕竟，任何人在职场上都不可能孤军奋战，你会不断和他人进行合作、交流，如果无法很好地掌控自己的情绪，不能顺畅地与他人交流沟通，那么就很可能会影响整个团队，使自身的职业发展受阻。

第三个维度是你的内心追求。这包括个体的世界观、人生观、价值观，以及基于这些观念形成的梦想、目标等。这是个体在职业发展过程中不断拼搏进取的动力源泉，更是决定你职业高度的关键因素。

第四个维度是你的身体。从事任何职业，都需要一个足够健康的身体：一方面是从祖辈遗传下来的身体底蕴，另一方面则是在生活工作过程中，你对身体的爱惜和对内心的锤炼。

只要拥有一个足够健康强大的身体，你就能具备足够的精力、充沛的活力和时刻都处于巅峰状态的精神，从而为你的职业发展奠定基础。虽然从祖辈遗传的先天身体底蕴无法改变，但通过后天的爱惜和锻炼，我们还是可以拥有更为健康、壮硕的体魄。因此，一定要注重自己的身体健康，养成良好的饮食习惯和规律的作息习惯。

以上四个维度，看似彼此独立，其实相互影响并相互融合，最终就构成了个体独特的"自我"，其中任何一个维度出现欠缺时，都会影响个体在职业生涯中的发展。

智慧在线：你的能力根基

人的智慧是基于遗传基因中的先天智力（智商），加上后天的积累、锻炼、学习与总结形成的。智慧水平也会影响认知程度，漫长的人生路其实就是一个不断提升认知的过程，而最终的认知程度则决定了个体的事业高度。

☞ 智慧在自我认知层面的分级

智慧之中的先天智力，通常不会受到后天因素的影响，表现在个体身上，先天智力就是学习知识的能力、思维的敏锐性、记忆能力、反应速度和信息整合能力等，因为能与生活、工作中的各种内容联系，而且可以进行测量，所以先天智力也被称为智商。

智商在人的一生中变化并不会很大，它所决定的是人的基础潜力。不过，智商虽然属于先天获得，但同样需要开发和转化，例如，记忆能力强的人也需要不断进行背诵等活动，才能充分发挥强悍的记忆力；反应速度同样需要不断进行训练，才能达到并保持高度敏锐的状态。因此，个体在幼儿时期需要获得有针对性的智力开发，这样智力才能更好地转化为能力。

智慧之中的后天智力虽然会受到先天智商的影响，但主要依赖于后天的锻炼、积累和完善，表现在外就是个体遭遇问题时的各种与经验相关的能力，如语言能力、文字能力、判断分析能力等。

后天智力需要通过知识文化的不断积累，借助日积月累的长久锤炼，才能表现为一定的判断能力、洞察力和各种技能，最终让个体拥有应对各种场景下突发问题的能力。

先天智商和后天智力开发的融合，形成了个体在职业生涯中表现出的智慧。智慧作为能力根基，在自我认知层面可以分为以下几个层级。

第一个层级是最基础的天赋，这是个体认知能力的先天因素，表现为对各种事物的认知速度、理解速度和反应速度。

第二个层级是大部分人所在的层级，主要是指个体通过积累各种知识文化，训练不同的技能，不断采集和分析各类信息，使认知能力更加全面而准确。这一层级需要个体不断进行训练和积累，将自己所积累的各种知识转化为实践应用能力，并通过相应的分析和总结，将实践应用能力强化到娴熟程度。

在第二层级，个体的认知水平会得到大幅度提高，理解能力也会得到加强。经过长久的训练和积累，各种技能与知识会融合成为类似本能的经验认知。

第三个层级也是最高层级，即整体认知水平已经达到了拥有敏锐洞察力、精准预测力、战略思考力的程度。要想达到此层级，并不依托于极高的智商，而是需要个体主动积累各种经验，借助不懈的探索精神、强大的责任心，在积累知识文化的过程中，去挖掘其底层逻辑和深层本质。在这个过程中，每一次挖掘和探索，甚至每一次问题的出现和解决过程，都可能成为个体成长的动力。

只有这样，个体才能不断从一次次的成功与失败中归纳总结，不断尝试、思考分析，以实践来验证想法，并对新出现的问题和状况做出快速判断并加以解决，最终得以推动智慧跃升。

☞ 智慧在线方能掌控你的能力

在职业发展过程中，智慧表现为个体对各种能力的运用。从智慧的先天因素和后天因素来看，先天的智商虽然主要来自遗传，但也并非一成不变的，幼儿期智商的潜力能随着各种学习活动逐渐被挖掘出来，到成人之后先天智商将达到顶峰，而在之后的数十年间，智商将会随着年龄的增长逐渐走下坡路。

后天智力在初期主要依托先天智商存在，同样会随着学习活动逐渐积累、提升，只是在个体进入社会之前，后天智力易于被先天智商掩盖。进入社会之后，在摸爬滚打中不断积累知识和经验，再辅以思考与探索，后天智力才能在临近中年时充分显露出来，甚至作用会远远超过已经走下坡路的先天智商。而且，不论你处于哪个年龄阶段，只要你愿意，后天智力都能不断发展和提升。

你在职业发展过程中所表现出的各种能力状态，通常是以先天智商为基本条件，以后天智力为提升条件的。只要先天智商处于平均水平，即你只要拥有学习知识文化的基本智商，进入社会之后就能胜任绝大多数工作岗位。

不过，不同个体的先天智商也会有所差别，即便智商水平相当，不同个体的擅长方向也会有所不同。以学生生涯为例，不同科目所需求的"天赋"也有所不同，如有些科目需要的是记忆力，而有些科目需要的则是想象力。进入职业生涯后，除非恰好处于充分发挥智商"天赋"的岗位，否则个体之间的表现差异并不会太明显。

小郭进入社会工作了几年，因为具体的工作岗位都是实操性的内容，这使小郭完全提不起兴趣，所以他一直表现平平，也从来没想过通过此工作岗位继续向上发展，毕竟他对实操性的职业方向根本就没有任何感觉。

这样的情形让小郭看不清自己的未来之路，他自己并不知道应该朝哪个方向发展。毕竟，小郭登上如今的职业岗位都显得非常艰难，这让小郭有些不知所措。

虽然小郭在自己实操性的工作岗位上只能算做得普普通通，但他的沟通交流能力不错，而且音色也非常独特。因此，在企业准备培养企业宣传员，用以对接外部客户，以及配合传媒部门拍摄相关宣传视频时，对小郭有些了解的同事就将此事告知了小郭，小郭听后非常感兴趣，便抱着试一试的态度报名了。经过短时间的培训，小郭力压群雄，成功成为企业宣传员。这时他才发现，自己非常适合这样的岗位，这让他感受到了久违的舒心和成就感。

而且，因为小郭音色不错，又善于把控氛围，所以他配合传媒部门拍摄的宣传视频也极具吸引力，让企业无形中获得了不少关注。最主要的是，小郭的宣传视频中有很多细节是在他的分析和思考下进行调整的，小郭在这个过程中一直激情满满，和实操性的工作感受截然不同。

后来，小郭经过分析研究，发现宣传和传媒领域完全契合自己的智商"天赋"，只要在这个领域继续发展下去，他就能拥有最适合自己的职业未来。

从上述案例可以看出，小郭虽然没有在先前的职业岗位上发挥出智商"天赋"，但他依旧能胜任这份工作，至少能养活自己。所以，个体的智商决定的只是一个人的成功底线，如果小郭到最后也没有发现自己的智商"天赋"，那么继续在实操性工作领域发展的他，同样可以生存下去，只是相对而言成就会比较有限。

后天智力则能推动你在职业生涯中不断提高和完善能力，帮助你在职业领域获得属于自己的成就。通俗来讲，后天智力通常会以经验的形式显现，而真正的经验需要个体在所学知识、技能的基础上，不断挖掘和寻找其中的底层逻辑，最终触摸到对应的规律，也就是说，经验最大的作用是能让个体在工作过程中提升效率。

形成经验之后，继续发挥后天智力的作用，个体就可以在工作过程中以经验为基础，在减少失误、提高效率的同时，不断接受新信息和新知识，不断思考和分析这些新内容，并将其纳入自身的经验中，最终形成对应的洞察力。前面所说的智慧的三个层级，其实划分的关键就在于后天智力。

某企业在 5 年前，同时聘用了三位刚毕业的大学生，岗位都是技术岗，三位大学生的水平也相差无几。三人同时参与企业内部的技术培训，并在培训结束后正式开启了职业生涯。

5 年过去，三位大学生如今的状态却截然不同。第一位大学生虽然已经在企业内部工作了 5 年，但依旧在一线技术岗，每日如同机器一般，重复着已经滚瓜烂熟的工作内容。

第二位大学生则已经不在一线，而是成了生产技术部门的副主管，协助技术主管，管理和规范整个生产技术部门。每当技术部有一些难以解决的问题时，他都能第一时间解决。

第三位大学生则已经离开了与一线技术相关的岗位，进入了企业内部的研发部门，并成了研发部的项目组长，带领一个研发团队，且已经取得了不菲的成绩，在相关技术领域已经有了一定的口碑和名声。

三位大学生的起点完全相同，不同的是，第一位大学生在培训结束之后，在技术岗位一直重复培训的内容和技术，随着技术愈加娴熟，他开始变得懒惰，每天只是依靠自己娴熟的技术快速完成自己的工作，之后就开始无所事事地休息。

第二位大学生同样很快就具备了娴熟的技术，不过他发现所学的生产技术好像可以继续强化，不仅能节省时间，而且能生产出更多的产品，自然也就能赚到更多的薪水。于是，他不断提高自己的效率，四处向有经验的技术人员学习，很快就成了技术部能力非常全面的"大拿"，成了技术部的副主管。

第三位大学生在技术娴熟之后，也跟着有经验的技术人员学了不少，但他同时发现，技术部所运用的工具有一定缺陷，完全可以进行完善，而完善之后的工具，则需要更加新颖的技术予以匹配。他开始不断创新和开发，并将创新后的成果提交给企业。于是，企业专门成立了研发部，交给他带领，负责工具创新和新技术开发。

案例中的三位大学生，唯一的不同就是第一位在培训结束后一直做简单复制的工作，虽然这让所学技术更加娴熟，却没有形成真正的经验；第二位则在技术娴熟后，开始以此为基础，拓展相关技术能力，从而积累了经验，提高了工作效率；第三位则在积累经验之后，开始发挥自主思考能力，也就是后天智力，不断分析、思考、尝试，最终获得了更加广阔的发展空间。

从中可以看出，其实三位大学生的智商并没有太大差距，重点是后天智力的发展存在差异，这也是绝大多数企业中同时入职的员工数年后会有很大差距的根本原因——有些人智慧在线，所以能力得到了最大限度的开发。

交际情商：贯穿职场始终

自我认知中的第二个维度就是情商，通俗来理解，职业领域的情商其实就是个体在整个职业生涯中的实际沟通交际能力，以及影响团队乃至职业发展的协调能力和共情能力。

所有的职业都不可避免地会与人打交道，任何职业都需要个体拥有一定的交际情商，这是一项贯穿职场始终的需求，并且在专业能力之外，影响着个体职业生涯的发展。

比如，汉高祖刘邦虽武力不如项羽，领兵不如韩信，但交际情商极高，将很多能力出众，甚至从来不会轻易服人的人才聚集到自己麾下，最终成功登顶，创立了大汉王朝。

☞ 交际情商对职业的影响层级

交际情商贯穿职场始终，所以对职业生涯影响极大。根据水平的不同，交际情商对职业的影响也可以划分成数个层级。

交际情商的第一层级，是对自己的情绪拥有足够的认知和掌控力，可以感受到自身的不同情绪，并适时进行调节，确保在情绪不佳时减少负面情绪对自己的影响。

这一层级还处于情绪感知和调控阶段，只能称为情绪管控力，拥有越强情绪管控力的人，越容易培养交际能力，因此情绪管控力可谓是形成高情商的基础。只有快速感知情绪并调整情绪，个体才能在职业生涯中更好地交际。

企业高管大多拥有非常强的情绪管控力，能在极短的时间内将情绪调整到最合适的程度，如此才能确保自身在工作过程中不会受到不良情绪的影响。

当顾总和客户进入招待室之后，目送顾总的几名员工才长舒了一口气，同时不禁感叹顾总控制情绪和掌控气氛的能力简直太强了。

原来，在客户进入公司之前，刚好有一个数额很大的项目单子因员工错误的行为而直接流失了，这使顾总大发雷霆，对负责整个项目的团队员工发了半天脾气。

当另一个部门的负责人拿着汇报书进入顾总办公室的前一时间，顾总怒容仍在。可从这位负责人坐到顾总办公室的那一刻起，顾总就已经完全走出了暴怒的状态，转而一脸平静地耐心听取负责人的汇报。

待负责人汇报结束，顾总更是极为快速地找到了其工作过程中的几个关键问题。刚指点完这位负责人，顾总得知有客户来拜访公司，于是在让负责人离开之后，很快又带着真诚的笑容，将客户迎进了自己的办公室。

案例中的顾总，在很短的时间内就调整了两次情绪，先是从暴怒很快调节为平静，又从平静很快调节为热情。这种敏锐的情绪感知力和强大的情绪掌控力，就是高情商的重要外在表现。

交际情商的第二层级，需要个体感受到周围人的情绪，清晰理解他们情绪变化的原因，还需要个体学会换位思考，可以从他人的角度去感知不同情绪，善于倾听和交流，拥有较强的同理心和共情能力。

这一层级已经从个体的情绪掌控力提升到感知团队情绪的层面，需要个体拥有一定的共情能力。只有达到这一层级，个体才更容易融入团队，并逐步了解团队中各个成员的性格与情绪状态。这也是形成交际情商的下一层级的基础。

交际情商的第三层级，更进一步地要求个体能在感知周围人情绪的基础上掌控好团队的情绪波动，并针对性地做出反应，以便引导团队情绪向更凝聚、更正面的方向变化，这需要结合超强的沟通交流能力，融入团队并以自身交际能力改善团队情绪和氛围。

达到第三层级，交际情商就已经和个体的领导力融为一体了。也就是说，此层级的交际情商已经不再局限于个体情商阶段，而是扩散到了周围，能影响和改变团队情绪，从而实现引领和掌控团队的目标。

☞ 发展情商，提升领导力

真正的高情商并不是看起来圆滑，或者对任何事都妥协，而是需要针对不同情况和需求，进行恰当又合理的沟通，以便更高效地完成某些事情。

基础情商与个体在成年之前的成长环境息息相关，在环境的熏陶下，个体会逐渐形成属于自己的个性特质，包括主要的价值理念和一定水平的情绪感知能力。

但是，情商在个体成年之后，依旧能够通过各方面的完善得以发展。能提升的内容，主要包括在面对各种事件时，可以正确对待自己的情绪，以便尽可能平静地面对压力；还包括逐渐锻炼自己感知他人情绪的能力，了解他人情绪的源头，以便通过共情能力和沟通能力，用自己平稳的情绪去影响并改变他人。

个体想要发展情商，需要从四个角度着手，分别是个体情绪感知角度、自我控制角度、个体共情角度和社会情绪角度。其中，前三个角度主要完善的是个体自身的控制力，而最后一个角度锤炼的则是个体的领导力。

虽然个体情绪感知能力的基础源自成长环境，但这一能力在成年之后依旧可以缓慢提高，主要表现为对正面情绪的感知能力，例如，对当下事件的感知具备足够的愉悦感，足够自信且能正确评价自己，对未来的看法和态度充满希望和渴求。

在能正确感知自身正面情绪的基础上，个体还需要发展自我控制的能力，主要包括以下几个方面：自我情绪调节能力，尤其是出现负面情绪时能快速令自己冷静下来；自我冲动情绪的管理能力，以避免自己在未经慎重思考时就草率做出决定；自我压力的管理能力，主要表现在通过自我管控，让自己始终处在正常压力环境中，以便既能在外界压力过大时自我释压，也能在自我动力较低时自我施压。

拥有情绪感知和自我控制能力后，个体就可以深入发展共情能力了，主要包括能清晰地了解和理解自我以及他人的情绪与需求；能理解他人的感受、观点、看法，在一定程度上可以考虑他人的感受和需求，并做出正确决策；个体需要拥有较强的交流沟通能力，以便清晰地表达自己的情绪，并和他人保持良好的人际关系。

发展出足够的共情能力后，下一步个体就需要完善自身的社会情绪了。首先，个体需要极为果断，能正确且坦率地争取属于自己的权利，果决又不失风雅；其次，个体需要在果断争取权利的基础上，对他人的情绪状态拥有感知能力；再次，个体需要具备足够的自我激励能力，这是锤炼领导力的关键所在；最后，个体需要拥有足够的社会意识，在面对陌生环境、情境时，可以快速适应，然后清晰表达情绪，并能够进行情绪带动。

行事果断可以让个体在带领团队的过程中迅速完成对应的决策；情绪感知能力则能让个体有效带动整个团队的氛围，以便让团队始终处于高昂正面情绪的熏陶下；足够的自我激励能力可以促使个体乃至团队拥有更加清晰的目标，并为实现对应的价值而拼搏；足够的社会意识，则可以让个体具备极强的适应力，从而快速融入全新环境，并形成凝聚力。

情商发展是一个终身提升的过程，个体需要以自身稳定的情绪控制能力为基础，在遭遇压力之时能将其快速转化为动力，并影响身边人的情绪，形成足够的凝聚力，以各种方式满足团队成员的需求，从而提升激励效果，最终得以影响乃至管理团队的情绪。

从心而行：决定职场高度

　　足够的智慧是个体能在职业生涯中不断前行、提升的根基，因为智慧决定了个体的能力和潜力；交际情商则会贯穿整个职业生涯，决定着个体领导力的潜力，是个体提升管理能力的基础。

　　以上两个方向是了解自我潜力的表层维度，个体通常能通过自我感知和验证提升对自我的认知力。除了这两个表层维度外，了解自我、提升自我认知力的过程中，还有一项深层维度需要洞悉，那就是个体的内心追求。

　　个体的内心追求通常是指个体的未来目标和理想抱负，它决定着个体在职场之中的未来高度，也应了那句"心有多大，舞台就有多大"。毕竟，个体只有具备足够远大的抱负，才能为自身的发展提供源源不断的动力。

☞ 内心追求对职场高度的影响层级

　　内心追求并不是越大越好，需要循序渐进，一步一个脚印去实现和跃升。在此过程中，内心追求对个体职场高度的影响同样可以分为数个层级。

　　第一层级是基础层级，即个体所具有的最基础的内心追求，包括对自己的发展、未来的目标等方面的渴望，拥有推动自身不断提升和发展的动力和动机。

　　正常情况下，个体在成长过程中受到外界环境和家庭的双重影响，会逐渐形成自身的"三观"（世界观、人生观、价值观）。三观的综合作用会使个体形成兴趣、爱好、志向等，从而构建出最基础的目标体系。

　　第二层级是个体在价值体系和观念的影响下，逐渐形成的对各种事件、人或物的责任感，通常生活中也需要这样的责任感，例如，母亲对孩子的哺育责任、个体对所参与的各种事件应负的责任等。

　　而且，这种责任感在职业生涯中也是形成管理能力和领导力的根基，例如，职场中的普通员工需要对自己的工作和结果负起责任，职场中的组长、主管等需要对小组全体、部门团队等的综合工作负责等。

　　第三层级是升级版的内心追求，此时个体的内心追求已经不再仅限于满足自身需求，还需要对应团队乃至企业，甚至需要对应行业乃至社会，通俗来说，就是个体需要对职业生涯有足够的使命感、美好的愿景和梦想等。

　　这种升级版的内心追求源自个体在价值体系中形成个体责任感、团队责任感之后，又从中孕育出的社会责任，主要包括行业兴趣、相关激励因素等。

　　个体的行业兴趣是从价值体系、责任感体系中逐步形成的对所在行业和产业的振兴渴求，从此延伸出来的就是对行业体系的完善。相关的激励因素不仅包括内在激励因素（如个体对自身在所处行业中发展的不绝动力、为行业发展贡献力量的内在渴望等），还包括外在激励因素（如社会对行业发展的要求、行业的蜕变要求等），这些因素是个体对行业发展负起社会责任的动力源头。

　　当内心追求达到第三层级后，个体就会拥有逐步完善的梦想和愿景，也会对职业生涯和职业发展产生足够的使命感，并乐意为整个行业的发展乃至行业对社会的影响负起责任。

☞ 德才兼备，方能从心而行

　　很多时候，个体的内心追求并未被自我察觉，却会在个体日常生活中不断展示出来，这也就是人们常说的"从心而行"。无论个体察觉与否，内心追求的内容都决定了个体在职业生涯中的职场高度，通俗来说就是，个体在职业生涯中的发展高度，是由他的"德行"决定的。

个体在职场中的能力需要以智慧为根基，以交际情商为辅助，才能充分展现出来。能力越强的个体，对职场乃至社会的影响也会越大，可是，如果一个德行不足的人拥有极强的能力，就可能会对社会造成巨大危害。所以，对社会而言，德行比能力还要重要。

只有拥有正确价值观和足够责任感的人，才会在发挥能力的同时，以内心追求规范和调整自己的目标，最终成为对社会有大用的良才。

老谢本是化学工程专业的毕业生，毕业之后并不太容易找到工作，于是，他的父亲拉着他一起进入了装修圈。很快，他就学会了一手不错的装修技艺，之后就开始拉工程队做起了装修。恰好当时中国房地产行业开始快速崛起，老谢抓住了这个机会，用十几年时间快速积累了丰厚的家底。

老谢在装修圈的口碑非常好，因为他带领的队伍向来站在客户的角度去思考问题，从来不会为了赚钱选用价格昂贵而质量一般的装饰材料，不仅工程质量和效果非常好，还能为客户省钱，因而深受客户的喜爱。

不过，老谢并没有因此而满足，因为随着房地产市场的发展，装修行业的竞争也越发激烈，老谢在选用装修材料尤其是工程防水材料时，感觉市面上很多材料质量一般却价格高昂，于是想自己研发优质防水材料。这一想法也得到了跟随他打拼多年的员工的普遍支持。

老谢遵从内心的想法，开始紧锣密鼓地准备，凭借自己多年接触装修材料的实践经验，以及虽然"闲置"了多年却依旧有底子在的化学工程专业理论基础，提出了优质防水材料的基本特性，并以此为标准，正式搭建了研发团队。

就这样，老谢一边带着队伍做装修，专心做好服务，一边将绝大部分利润投入优质防水材料研发。经过几年努力，老谢终于开发出第一款防水材料产品，并借助优秀的装修口碑，一步步将这款材料推广到市场。

很快，这款防水材料就真正打出了品牌。老谢的企业越来越壮大，但他从来没有改变自己的服务理念，对于装修质量和效果、工程结束后的服务以及所开发的防水材料的质量，从来没有丝毫懈怠。

其实，案例之中老谢的做法，以及他在职业领域的发展道路，如果真正让他去总结和归纳，估计他也说不出所以然，因为他一直都是"从心而行"，而他的内心追求，就是共赢的理念。

先期仅从事装修时，他就一直从客户角度出发，为客户节省了资金，确保了工程质量，真心换来了真心，得到了客户的信任；研发防水材料时，他同样是以真心换真心，以真实效果和亲民价格为追求，为客户提供了优质的材料，也将自己的品牌口碑树立了起来，获得了客户的普遍支持。

通常情况下，在职业领域发展的个体，如果想要挖掘出自身的潜力，就必须对所在职业方向有浓厚的兴趣，这样才能拥有足够的动力，推动自己不断坚持和完善，最终形成独属于自己的职场价值体系。

之后，个体如果想要在这个职业领域跃升，成为一线管理者，就需要借助工作能力和表现，辅以解决问题的能力，锤炼责任心，这样才能拥有一定的领导力，成为小团队的核心；而要想从一线管理者提升到中层管理者，则需要归纳出与企业价值理念契合的价值体系，毕竟中层管理者必须做到上传下达，只有认可企业的价值理念，才能做出相符的行为，贯彻对应的原则。

个体要想成为真正的高层管理者，乃至成为企业的领头羊，还需要寻找到自己的"初心"，并将其与企业的价值理念相融合，形成推动自身不断前行的使命、愿景，并引导所有的员工上下一心、同心同德，不断披荆斩棘。

从这个角度来说，个体的内心追求，从成人之前的志向到进入职业生涯后的使命与愿景，都在很大程度上决定了个体在职场之中的高度。没有高远的"初心"，就必然无法匹配对应的德行，自然也就无法让自己走上职业巅峰。

因此，不论任何时候，只要步入职业生涯，我们就需要思考自己的"初心"是什么，以及这个"初心"能否引领我们实现自我价值，能否为社会的发展贡献力量。

健康身体：你的职业本钱

人生在世，无论是在生活中还是在工作中，难免会遇到各种各样的问题、压力、挫折、困难，这时个体不仅需要拥有足够的抗压能力，从而更好地调节情绪、管控自我，还需要拥有一个非常重要的基础，那就是健康强壮的身体。

毕竟，只有拥有健康强壮的身体，个体才能拥有面对一切问题的充沛精力，并用足够的体力正面应对各种压力，甚至可以说，健康的身体才是个体最大的本钱，无论是职业层面还是生活层面，均是如此。

☞ 你真的了解自己的身体吗？

身体健康是职业生涯的重中之重，毕竟"身体是革命的本钱"，只有清晰了解自己的身体状态，才能更好地选择职业赛道去拼搏，因为不同的职业赛道对应着不同的身体素质要求。

在职业生涯中，身体的重要性同样可以分为不同层级。

第一个层级是基础层级，是由先天基因所决定的身体素质，即从祖先那里遗传下来的基因，其决定了我们的身体基础，绝大多数人拥有健康的身体基础。

　　第二个层级是个体对健康身体的维护，需要个体将身体真正重视起来，一方面有意识地锻炼身体，确保自己的身体健康状态稳定持久；另一方面是注意合理休息，以免透支。

　　第三个层级是个体开始真正意识到"身体是革命的本钱"，并有意识地提升身体素质。这种有意识的提升，属于完全后天且有针对性的弥补，例如，个体知晓自己的身体素质在某些方面有所不足，会针对性地锻炼、提升，以便推动这些方面达到正常水平。

　　与身体相关的先天因素，即遗传基因层面，其实只决定了身体到底处于什么起点，也可以理解为先天体质。先天体质主要包括个体的骨骼状况、体能潜能、睡眠状况、运动天赋、内分泌水平、身体调节能力等方面。比如，有些人天生好动，身体素质一流；而有些人则天生好静，身体素质可能只算一般。

　　需要注意的是，先天体质只是身体的基础，并不代表身体的未来。真正影响身体未来状况的关键还是后天因素，不仅包括成长过程中的环境影响、饮食影响、习惯影响和卫生影响，还包括成长过程和成年后对身体素质的锻炼、培养和提升等。

　　举一个简单的例子，我们就能清晰感受到后天因素的重要性：两个先天身体素质相差不多的个体，从出生开始，到 20 岁、30 岁以及 50 岁之时，他们的身体情况很可能会呈现巨大的差异。

　　比如，其中一位在成长过程中处在一个卫生条件较好、营养均衡丰富、环境优良的状态中，而且父母时常会带他锻炼身体，在 30 岁时，他的身体状态可能会非常健康，适应性强且自我调节能力较好。

　　另一位在成长过程中处在一个卫生条件比较差、环境较为恶劣、污染较为严重、食物偶尔不足甚至经常不新鲜的状态下，那么很可能 30 岁时，他的身体状况会非常差，甚至营养不良、疾病缠身。毕竟在这样的环境下，他也不可能拥有足够的精力去锻炼和好好维护自己的身体。

　　当然，后者如果在 30 岁之后进入一个良好的环境中，并且开始重视营养搭配、卫生条件，同时开始有针对性地锻炼身体，那么他的身体素质也可以逐步得到提高，虽然不可能超越前者的身体素质，但他依旧可以促使身体趋向健康。

从中可以看出，身体的先天因素只决定了身体的基础。如果在后续的生活和工作中，拥有优秀先天遗传基因的个体一直无节制地透支身体，如暴饮暴食、从不锻炼、过度劳累等，那么身体也可能会在一定阶段后再也支撑不住，从而陷入病痛之中。

☞ 有效协调自我的四个维度

身体是职业生涯的本钱，要想让自己在整个职业生涯顺畅地实现不断发展和提升，需要有效协调好自我的四个维度。

在 20 岁之前，绝大多数人处于知识获取的学习阶段，此阶段也是身体发育和成长的关键阶段，因此个体在这个时期需要确保营养均衡，辅之以对应的锻炼，以便身体健康成长，能支撑自身获取充足的知识。

20 岁之后，绝大多数人会逐步进入职业生涯，此时个体在身体素质层面处于巅峰时期，精力充沛，需要在确保身体不透支的情况下，对其他维度进行投入，其中最重要的就是对智慧的投入。

刚刚走上社会的年轻人，虽然在知识领域已经足够丰富，但是因为没有足够的经验，所以实用技能尚且无法匹配职业。这时，有些人就会选择通过延长工作时间获得经验和成绩，这样很可能会透支自己的身体，甚至给自己的未来埋下隐患。

最好的做法是尽可能保持规律且健康的生活习惯，不暴饮暴食，保持恰到好处的休息和活动，以便让身体时刻处于巅峰状态；工作层面则可以通过经验的积累，逐步总结和完善工作技能，逐步培养智慧，做到身心平衡。

20 多岁时，虽然个体正处于身体状态的巅峰阶段，但是依旧要注意在工作领域的适当投入，最好能将工作与生活区分开，尽可能在工作时间将工作处理完成，同时善于利用生活中的放松时间，通过阅读、户外活动等，协调身心并获取知识，自然而然地促成经验的沉淀和智慧的积累。

同时，个体在此阶段还需要主动对交际情商进行培养，减少酒肉朋友，寻找真正的知心好友，确保自己在独立的同时，拥有适当的社交圈，最佳的做法是寻找更加优秀的人，形成互动的社交圈，减少无用社交和无效沟通。

从 30 岁开始，个体就需要平衡好与自我相关的四个维度。在此阶段，个体一般已经拥有适当的工作经验和技能，能独立地完成复杂工作，交际情商也开始进入成熟期，所以该阶段最需要注意的就是对内心追求的挖掘和探索，形成稳定且正确的价值体系，理解和接纳社会的复杂，进而思索属于自己的职业未来。

身体层面则更需要规律锻炼，以确保身体能保持健康状态，一定要形成较为规律的生活习惯，确保充足的睡眠。更关键的是，一定要学会放松身体，避免透支，此时个体需要了解自己的身体情况，如睡眠质量、饮食和吸收情况、疲惫度和精力底线，尽可能确保在身体达到极限之前，处理好所有的工作。同时，个体还要学会掌控情绪，协调工作、家庭、交际圈诸关系，及时释放各方面的压力，减少压力积累，以免对身体造成影响乃至形成损伤。

40 岁之后，个体的职业生涯已经进入稳定上升期，此时个体需要学会自我激励，在职场中做出最契合自身兴趣的选择，与外部激励形成平衡，以便在职业领域获得更加广阔的未来。

此阶段的个体一定要学会节省精力，最好能避开各种烦心杂事，在了解身体状况的基础上进行科学的锻炼，同时要注意身体发出的各种信号，提早发现病患征兆。

50 岁之后，个体需要将重心向内心追求靠拢，依托不断发展和提升的交际情商，推动职场高度继续攀升，最好能专注于自身擅长的领域，同时保持好奇心，不断接触、接受新鲜信息和事物，保持对社会发展和变化的洞察力，深入体验社会的变化。

对于身体层面，此阶段的个体则需要加大投入，包括通过更加积极的锻炼，保持身体机能的良好运转；对易老化的器官重点加以关注，维护好身体；同时要抓紧机会放松大脑，以便在紧张的生活和工作之余让大脑获得休息，这样才能使身体更加稳健。

第二章
升级认知·认识职业生涯

半个世纪的职业生涯

大多数个体在成年之后，会在某一个时间节点进入职场，正式开启个体的职业生涯。通常情况下，个体的职业生涯会持续很长时间。而且，随着科技手段的提升，人们的身体素质将越来越好，平均预期寿命将越来越长，以后个体的职业生涯还会更长。从这个角度而言，如果个体已经 40 岁，那么他未来工作的时间可能比 40 岁之前还要长很多。

☞ 个体职业生涯的三个阶段

个体从四个基本维度深入了解自我，是为了提升对自我的认知，对自己有充分的了解，从而将自我价值充分展现在职业领域。此外，个体还需要对职业生涯有深刻的认识。这是每个人进入职业领域的前提，更是规划职业生涯、把控职业方向、搏击未来的重中之重。

漫长的职业生涯其实可以分为三个递进的阶段，差不多每一个阶段都能达到 15 年。

第一个阶段是初始期，也称为准备和完善期。个体一般从 25 岁起就会正式开启职业生涯，到 40 岁的时候，才仅仅走过了职业生涯的第一个关键阶段。虽然第一个职业生涯阶段看似是个体人生之中身体的巅峰期，但是从职业领域来看，这个阶段其实仅仅是职业开篇。

在这个阶段，个体需要从一个刚入职场的新人，逐步熟悉社会、职场及所从事职业的行业发展特性，并在熟悉行业的状态后着重去装备和完善自身。也就是说，这段时期其实是个体走出校园之后的又一个学习阶段。但是，这次学习并不是单纯学习知识，而是全面学习与职业领域相关的内容，以及深入挖掘和了解自我，通过各种工作实践，让自己与职业领域更加契合。

　　第二个阶段是沉淀期，也是真正展示自我、发挥能力、明确目标和愿景、平稳过渡并走上最契合自身职业路径的阶段。这个阶段通常也长达15年，一般是从40岁开始到55岁左右。

　　在此阶段，虽然个体在能力、经验等方面都已经非常优秀，但是最主要的目标依旧是寻找到真正契合自己的职业目标乃至人生目标。而最佳的定位方式就是个体将自身最擅长、最喜爱、最感兴趣的方面和社会的发展需求相结合，专注于自身的最大优势并最大化地加以发挥，以便真正走上属于自己的职业发展路径。

　　第三个阶段是真正的收获期，经历了前两个职业生涯阶段，个体已经55岁以上，却能真正发挥属于自己的优势，从而产生持久的影响力。

　　在此阶段，个体最重要的目标和任务就是找到一条能让自身的职业生涯持续延伸至60岁乃至70岁的职业路径，而且该职业路径最好能与前两个阶段的职业路径相挂钩，以便自身平稳过渡。

　　需要注意的是，虽然三个职业生涯阶段是相互联系的，但是任何人的职业生涯发展路径都是不可预测的，更不是完全线性发展的，因为谁也无法料定下一秒会遇到哪些职业危机或者职业机遇，而职业危机或职业机遇的到来，就可能会影响个体职业生涯的走向。

　　基于此，个体需要始终秉持学习、探索、尝试和改变的理念，时刻做好准备，以便应对职业路上的各种变化。这样，当职业发展方向需要改变时，个体才能很快调整目标。

☞ 支撑长久职业生涯的重要原料

　　个体职业生涯的时间跨度有的甚至能达到半个世纪之久，因此想要让自身在如此长久的职业生涯中拥有源源不断的发展动力，就必须持续不断供给足够的重要原料，同时，这些重要原料必须能不断更新、增加、完善和改变。

　　只有这样，个体在规划职业生涯时，才能正确准备原料，应对消耗，以确保职业生涯长久持续且活力十足。

其中，有三项极为重要、能长久运用甚至可以自行增加的原料，个体应该在正式进入职业生涯之前，以及进入职业生涯之后，着重加以准备和完善。

第一项重要原料是属于个体的各种基本能力，尤其是在进入职业生涯后逐步形成的能力，这些不仅可以辅助个体完成基本的工作，甚至能让个体在不同的职业岗位乃至不同行业游刃有余。

从效果来看，这些基本能力并非纯粹的技术能力，而是一些通用型能力，或者称为迁移型能力，这些能力能适用于多个领域，甚至能满足多种职业的需求。

其中有一些基本能力是个体必须具备的，这样才能使个体在漫长的职业生涯中占据一席之地。

第一种，需要拥有完成任务的能力，这里的任务主要指工作任务，其中的关键就是解析任务目标、分解任务、开始执行。在执行过程中，还可能会遇到各种各样的困难与问题，个体需要拥有足够的自信和坚韧不拔的精神，不畏艰辛、坚持不懈地去实现任务目标。当然，完成任务的能力还需要后面几种能力的配合。

第二种，拥有真正解决问题的能力，这种能力并非指以技艺或技术对专业问题进行解决，而是指能分析问题、制定方案、寻找辅助和支援，借助自身拥有的经验和理念，灵活运用各种理论、策略，恰到好处地解决问题。

第三种，具有极强说服力的沟通能力，这种能力并不是简单地发表自己的建议和想法，而是一种具有推销性和令人信服的关键能力。也许有人会认为，自己所在的职业领域根本不需要太强的说服能力，甚至连沟通能力都不太需要，其实大错特错，不论哪个领域，从业者必然需要和他人进行沟通交流，而说服对方，就是一种让自己在职业领域更加知名、更占优势的有力手段。

比如，创意类工作者、发明者、开发人员、销售人员、社会活动家等，都需要借助高明的说服能力，将产品、想法、感受、愿景等阐述出来，取得他人的信任。甚至于普通的技术人员、绘画工作者、研发人员，即便不需要和他人进行太多沟通交流，也依旧需要具备说服能力，这样才能将自己的技术产品、艺术作品、研究成果等，用简洁又值得信赖的语言或文字表达出来。

说服能力其实能通过多种多样的渠道表现，比如，有些不善言谈者，完全可以用书面作品的方式，形成独属于自己的说服能力；拥有较高演讲水平的人，则可以通过广而告之的演讲，表达自己的想法。此外，现今是短视频爆火的阶段，运用短视频来表达自己，也能展现自己的说服能力。

第四种，具有吸引人才的个人魅力，这不仅需要个体拥有发现人才、挖掘人才的识人能力，还需要个体通过自己的优秀人格吸引和招揽更多优秀的人才。当然，要想拥有吸引人才的个人魅力，自己本身就应成为人才，在进入职场逐渐形成自己的经验之后，个体就可以在与上司的交流中，找到自身最受上司赏识的优势，并根据自身的职业生涯规划，有意识地自我提升，让自己更加优秀。

而拥有了一定的个人魅力之后，就需要发现和挖掘人才，这需要个人在审视自身的同时，理性考察和评定周边的人，包括其工作表现、个人潜力、学习状态、思维方式和德行等。找到人才之后，将其置于属于你自己的人才储备库中，以便为未来吸引和招揽人才做准备。

第五种，具有寻求帮助及帮助他人的能力。任何人都不是全能的，因此在职业道路上，必然会遇到一些孤身一人无法解决的问题，这时，个体需要尽可能地找到可以解决相关专业问题的人才，积极运用各种方式，主动寻求帮助，从而解决问题、完成工作。

这种寻求帮助的能力，属于完全的获取，或者说是一种索取，能有效提高个人在工作中的效率。想要一遇到问题就能得到帮助，个体就不能单方面地索取，而是必须先学会付出，这样才能实现互惠互利。其中最有效的方式就是去帮助他人，尤其是力所能及的付出，这对任何人而言都非常重要。有效付出不仅能让个体获得互惠互利的人际关系，以便在需要帮助时拥有助力，而且能有效提高个人的影响力。尤其是在步入管理层之后，喜欢付出的个体通常会获得更多人的信任，而这种信任就是个体未来职业生涯中最为重要的个人魅力，它能在无形中吸引越来越多的人才靠拢。

上述这些基本能力，都是能在各行各业发挥出来的通用能力，并且能形成能力组合，以便个体在职业生涯中尽可能地发挥才能。

第二项重要原料是个体在职业生涯中不断形成和积累的经验，特别是极具意义的经验。有人可能会认为，有意义的经验就是各种技能性经验，以及能让自己在某一个领域极具优势的经验。

其实并非如此，在有可能长达半个世纪的职业生涯中，真正有意义的经验其实是跨越专业领域，乃至跨越职业领域的广泛性经验。比如，即便拥有非常专业的机床操作、修理经验，也只能确保个体在相关领域内的职业岗位成为优势明显的专业人才，一旦跨越岗位，进入产品销售或品牌营销领域后，个体就可能表现平平。

这是因为个体的经验不够广泛，而真正能为职业生涯提供动力的原料是多样化的经验。在长久的职业生涯中，存在诸多变数，任何人都没办法确保在同一个领域坚持下去，想要提高自己在多个职业领域的适应力和灵活性，就需要多种经验。

比如，创业经验、项目经验、产品开发经验、销售经验、运营经验、服务经验、管理经验、交流经验等，这些其实都属于"软经验"，相比纯粹的专业领域技能和技艺类的"硬经验"，这些"软经验"看似毫不起眼，但是对个体的职业发展却极为重要。

所以，我们需要在职业生涯中尽可能保持开放的心态，对任何职场内部的挑战忙工作都耐心去学习，并坚持不懈，以便让自己拥有更加丰富且有意义的经验。

第三项重要原料是个体需要打造出持久又有效的关系网，这个关系网不仅包括人际关系，还包括职业关系，尤其是品牌、企业。这些会与你共同形成一个属于你自己的职业生涯系统。在这张关系网中，关键的关系有以下几个。

首先是企业上司，尤其是企业老板，这是对你产生最直接影响的企业人际关系，上司和老板的工作特点、业界口碑、性格习惯、培养模式，其实都会对你产生重要影响。

其次是存在于你身边的各种人才，其中，与你同类型的人才不仅能帮助你获得更加广阔的专业方向的人际关系，还可能带给你更多技能培养和提升的机会。身边的人才还包括职业领域内的其他专业人士、才华横溢的同事等，这些其实都是你未来职业生涯中重要的关系。

再次是你的客户和商业伙伴，其中，客户是职业生涯中一种极为重要的人际关系，只要能获得客户的欣赏，并成为朋友，当你转行、换企业时，这些客户就会成为你坚实的后盾，成为你快速在新职业和新企业站稳脚跟的助力；商业伙伴是指你在职业生涯中遇到的各种职业领域的相关机构、技术供应商、合作企业、顾问、猎头等，这些关系都能在你的职业生涯中成为你的支撑力量。

最后是你的品牌关系，简单来说，就是你在企业内部与各类行业品牌（尤其是优秀品牌）形成的合作关系，以及你在企业之中的口碑，这些都能为你的职业生涯发展添砖加瓦。

对于你的职业生涯而言，上述三项是极为重要的原材料储备，它们的存在能推动你在职业生涯发展中快速获取真正的自主权。

初始阶段：强化开局

几乎所有人都有进入职场的一刻，其中，仅有少部分人能在进入职场之前就对自己有深刻认识，并清晰地知道自己渴求什么，从而在入职时很快置身于令自己满意的职业岗位上，从此正式开启职业生涯。

大多数人其实并没有这样的机遇。这一方面是因为许多刚从校园毕业的年轻人并不清楚自己到底想要向哪个方向发展，另一方面则是因为校园和社会是两个截然不同的体系，在真正进入职场前，个体可能渴求的是某个职业方向，但真正接触相关职业后，却发现自己并不热爱这个方向。之后，个体很可能就会陷入不断寻找自己的目标和理想职业方向的漫长路途中。

整个个体职业生涯的初始阶段就长达 15 年左右，大多数个体会在初始阶段不断学习和探索，在提高自我认知力的同时，不断寻找最契合自己的职业方向。所以说，大多数个体的职业生涯初始阶段亦即职业生涯中最为活跃的阶段，甚至部分人可能目的性还不够清晰。其实，在职业生涯的初始阶段，最大的目标并不是寻找梦寐以求的工作，而是清晰地认识到自我的状况，明确自身的长处与短处。

通俗来说，个体需要通过一个恰当的开局，正式踏入职场，然后不断去迎接新的挑战，积累职业生涯发展所需的重要原料，这样才能为职业生涯的顺畅发展奠定扎实的基础。

☞ 步入职场，开启职业生涯路

在初入职场之前，个体先要拥有正确的思维方式，一定要认清，进入职场就意味着开启了职业生涯，这可不是一次普通的竞争，而是一场"战争"。

　　需要明确的一点是，不论你所竞争的是哪种职业或哪个岗位，你都必然拥有众多竞争对手，他们和你一样年轻，一样拥有足够的天赋，同样精力充沛、热情洋溢，这也就意味着你只有在众多竞争者中脱颖而出，才能获得一个普通的职位。

　　所以，在步入职场之前，请先调整好自己的态度：社会并不欠你职位，你需要做好被拒绝的准备，甚至还可能被拒绝很多次。做好这个心理准备后，相信你也就认清了职业领域的残酷。

　　这个心理准备越早做越好。充分的心理准备能推动你完成步入职场初期的力量积蓄，而做好心理准备的最佳节点，就是你进入大学校园懵懂地接触社会的时候。

　　当做好心理准备后，你就可以在就读阶段利用相对宽松的时间和充足的精力，去储备职业生涯发展所需的重要原料了。需要注意的是，所储备的原料，其中最重要的就是基本能力和持久关系网。当然，如果遇到可以积累有意义的经验的机会，自然也不能放过。

　　对于基本的能力，个体可以借助校园内部的组织来进行锻炼和完善，包括提升解决问题的能力、培养团队协作的能力，以及形成广而大的求知欲望等，同时需要尽可能地学好自己的课程，通过课程积累相关的技能。

　　而在校园中结交的同学、导师、教授、专家等，也会形成你未来职业生涯中的第一张关系网，他们之中也许就有你在未来数十年职业生涯中可以一直保持联系的重要人际脉络。

　　如果在校园中遇到各种各样的实践机会，如实习、活动、校内组织项目等，也一定要积极参加，并尽可能培养自己的问题处理能力和团队协作能力，以便为未来的领导力奠定基础。

　　以拥有清晰目标和需求的态度度过校园生活后，早晚有一天你需要真正进入社会并走上职业生涯。刚出校园的新人，虽然无法对自身的职业生涯有清晰的布局和规划，但大概率已经拥有自己的目标，此时的你需要在步入职场前先制订一个独属于自己的求职计划。

首先，将在校期间所了解的各种行业、职业、岗位，以及对应职业的企业状态、规模、知名度、企业文化罗列出来，包括各方为你推荐的职业岗位和企业，制作出求职清单。

其次，根据清单寻找你真正感兴趣或渴求的企业与岗位，并以此为跳板对相关职业领域进行深入了解。"备战期"很可能历时较久，因为求职的过程中，必然存在被淘汰、被拒绝的风险，在此期间，你可能还会发现新的职业道路和职业目标，这时你就需要及时调整求职清单，以便让自己拥有清晰的目标。

最后，当获取面试机会后，你最好做些功课，至少需要知道对应企业的基本信息，以及你对所应聘岗位的认知，包括岗位对专业技能、基本能力与自我四个基本维度的要求等。

也许，经过一番充分准备后，你很快就真正进入了职场；也许，你需要经历很多次拒绝乃至失败后，才能获得第一份工作。不管如何，早晚有一天你会进入职场，但千万不要认为进入职场就可以高枕无忧了，因为这只是你职业生涯的开始，你的未来之路还很漫长。

适应职场的需求和要求后，你的探索之旅将从新的起点重新开始，你必须在职场中洞悉自己到底擅长哪方面、喜爱哪方面，而哪些方面刚好顺应社会所需。

当然，这个探索过程会贯穿你整个职业生涯的初始阶段，如果在最初探索自己的喜好、擅长方面、社会需求时显得毫无头绪的话，你也可以从另一个角度着手：反思你到底不擅长什么、不喜欢什么、社会根本不需要哪些方面，通过排除法，减少自身的内耗，以便将更多的精力投入挖掘和提升自己的能力方面。

☞ 打出名气，强化开局

当你从校园进入社会，正式开启职业生涯后，无论是为企业效力，还是自主创业，你都需要尽可能形成良好的职业习惯，那就是不断储备职业生涯发展所需的原料，以便在职业生涯初始阶段打造出属于自己的名气，从而强化开局，为未来的职业生涯发展奠定基础。

第一，要以长远的眼光看待所在的职业岗位，并以此推动自己对企业乃至行业作深入了解，如企业的运转形式和状态、企业的建立理念和愿景、企业的盈利手段和方式、企业的发展动态和相关行业的发展状况；同时，可以在此基础上弄清楚整个行业的发展趋势、社会需求状态、未来格局等。

需要注意的是，刚进入职场和企业时，绝大多数企业内部的情况并不是靠简单的表面观察就可以了解清楚的，有时还需要从企业的老员工那里获取信息，这同样可以锤炼你的交际能力，以便扩大职业关系圈。

而且，你可以在职业生涯初始阶段深入挖掘自己的一项特长，如可以钻研一项感兴趣或者擅长的专题，并不断强化和更新学习体系，这样过几年你或许能成为他人的咨询对象，从而辅助你建立更加广泛的职业关系网。

这样的专题特长甚至可以成为架起你与企业上司、老板之间沟通桥梁的关键。比如，恰好你的上司、老板或者客户正为该专题领域头疼不已，这时你就可以抓住机会，从各个角度研究一下他们遭遇的问题，并根据自身的专题特长与他们进行探讨，甚至在一定程度上进行讲解。

这一手段可以帮助你展现才华，并推动你逐步成为上司、老板、客户的信任对象，即便后续你从该企业离开，你也能借助这种能力成功连接彼此。

第二，在职业生涯的初始阶段，你还有一项必须着力培养的能力，即运用恰当媒介进行高效沟通。高效沟通能力是职业生涯中极为重要的一项基本能力，也是情商的表现，更容易给人留下深刻的印象。

要想锻炼自己的沟通能力，就必须拥有清晰的条理，即针对需要沟通的话题或主题，快速梳理出对应的重点，以便实现高效沟通；在针对话题或主题沟通时，还必须有理有据，同时加入行动建议或指点。

除此之外，高效沟通的实现往往基于恰当的媒介选择：如果是比较中性的沟通，不需要加入感情色彩，完全可以用书面形式完成沟通；但如果是一些需要感情碰撞的沟通，书面沟通形式就不太适宜，电话、视频、语音等沟通形式则更为适用。

第三，你需要在职业生涯的初始阶段挖掘和理解自身的有效价值，并且争取对应的报酬和奖励。这里还有一个前提，即必须认清自己的"有效价值"到底是什么。

身处企业和职场，并不是单纯地论资排辈，更不是入职一段时间就可以加薪。你在职场中的价值，需要根据你为企业、工作带来的贡献和价值进行评判。

有些人进入企业刚刚半年，甚至入职仅仅几天，就获得了加薪的机会，而有些人已经兢兢业业工作了多年，却从来没有获得过加薪的机会，这时后者的内心就会感觉极为不公平。

其实，是否加薪和给予奖励，需要根据你为企业带来的价值进行评判。这里可以从两个角度进行分析：一个是从表面就可以清晰地看到和感知到的硬指标，比如，是否为企业拉拢了客户并获得了收益，是否为企业的运营减少了支出，是否为企业的改变和完善提出了有效建议；另一个则是软指标，比如，你对客户的服务是否让客户资源更加丰富，你是否通过演讲或解说提高了企业的声誉和口碑，你是否通过努力为企业赢得了外界认可的奖项，你是否为企业的发展带来了新的有生力量等。

真正的有效价值，并非仅从你的本职工作和任务完成情况展开分析，更要从你为企业所贡献的价值进行考量。对此，你可以将这些贡献罗列出来，并针对这些贡献和企业领导一对一沟通交流，了解清楚这些贡献是否对企业有真实价值；另外，还可以和同事进行对比，真实评价自己的贡献度到底如何。

当有了较为公允的自我评判之后，如果你认为自己给企业创造的价值配得上升职加薪，那么你就可以在自己表现很好的时候针对性提出。在提出这一需求之前，你还需要做一些计划，包括你原本岗位的替代人选、提升之后的管理计划和方案等。

沉淀阶段：聚焦优势

如果说，我们需要在职业生涯的初始阶段尽可能地强化开局，并在这个阶段不断积累和储备职业生涯发展的原料，为后续的职业生涯发展提供支撑，那么到了职业生涯的第二个阶段，我们就需要寻找到真正的方向和目标，尤其需要聚焦自己的优势，以便让自己最大化地激发潜力，从而打造出类拔萃的个人标杆。

通常情况下，处于职业生涯初始阶段的我们年轻且具有活力，精力充沛且热情洋溢，因此在 30 岁左右的阶段，不论我们对职业方向是否感兴趣，我们通常都能通过锤炼确保自己很好地完成工作。

可是，随着时间的推移，当我们走到职业生涯初始阶段的末期（通常在 40 岁左右）时，如果在对应的职业领域没有达到较为精深的程度，各种困扰和问题就会开始出现。

比如，工作过程中会发现越来越无法集中精力或者全身心投入；无法像以前一样敏锐地洞察到所在职业领域的变化；尽管积累了众多经验却无法保持高效工作。甚至你会发现自己已经逐渐被更加年轻、更具有创造力的劳动力所取代。

此时，你就开始进入职业生涯的第二个阶段——沉淀阶段了。虽然此时的你经过职业生涯初始阶段的积累和完善已经拥有了足够的经验、能力，但是职业领域的竞争也开始变得更加激烈，这就需要你在第二个职业生涯阶段聚焦自己的优势，为后续的职业生涯顺利发展做出不懈努力。

在职业生涯的沉淀阶段，你需要完成两项主要任务：一项是锚定自己的甜蜜区，即真正挖掘出自我潜力，充分发挥出自身的优势，形成独属于自己的特色；另一项则是有意识地锤炼自己的领导力和管理能力，并为未来职业生涯做足准备。

☞ 锚定属于你的甜蜜区

想要锚定属于自己的甜蜜区，就需要先弄清楚你的甜蜜区到底在哪里，这和三个问题息息相关，分别是"你擅长的到底是什么""你的兴趣和爱好到底是什么""社会的发展需求到底是什么"。根据这三个问题，你需要在职业生涯的第二个阶段创造出独属于自己的差异化价值，这样才能脱颖而出。其实，上述前两个问题结合起来，就会形成一个你的精通技能。

真正的精通技能可以让你出类拔萃，它不仅涉及你所擅长的领域，还涉及你的兴趣和爱好。之所以这么说，是因为精通某项技能必然要耗费大量的时间和精力，而要想持续不断地投入精力，就必须对这个方向有极大的兴趣和挖掘意愿。

从数据角度来说，精通一项技能需要投入极高的专注力和极长的时间。对于想要精通某项技能的人来说，即使每天投入 8 ～ 10 小时，目标的达成差不多也需要 3 年的时间，而正常情况下人们是不可能每天都不停歇地在一项技能上投入精力和时间的，所以保守来说，一项技能从入门到精通，至少需要 5 年的时间。如果还想让自己成为精通技能者中的佼佼者，那投入的时间至少得翻倍才行，也就是需要耗费 10 年左右的时间。

如此巨大的精力投入和时间投入，意味着不可避免地会出现排斥、厌倦、沉闷感，而减少这些负面情绪和感受的方式，就是喜欢上这个领域。如果你坚持一段时间后并没有真正喜欢上这个领域，那么你的厌倦和沉闷感会越来越严重，最终你只能放弃。

所以，如果你想以精通技能作为看家本领，你就需要在擅长的领域，融合自身的兴趣和爱好，通过不断挖掘获得成就感，源源不断为这项能力的发展提供动力和热情，这样你才能真正长久地坚持下去。

在挖掘和打造精通技能的过程中，可能会出现两个比较严重的问题。

一是有些职业领域的职业寿命较短，如很多体育类的职业，这些职业领域对个体的身体素质有很高的要求，甚至在职业生涯中还会导致身体损耗乃至损伤，所以当个体的身体素质开始走下坡路，或者无法支撑对应强度的运动时，这个方向的职业生涯就相当于无法延续了。

二是因为某些缘故，个体在某个职业方向难以为继，相当于整个社会把这扇职业大门关了起来，如二三十年前常见的电报收发员、走街串巷的货郎等，这些职业已经在时代发展的大潮中逐步退出了历史舞台。

如今的一些纯体力劳动方向的职业，其实也已经处在职业大门关闭的边缘。个体如果处在类似的职业领域，就需要在职业生涯中不断去尝试新的方向，不断去推开各种各样的大门，以旺盛的好奇心去寻找真正契合自己的职业方向。同时，需要尽可能地在职业生涯的第二阶段挖掘出自己的优势，并不断强化，打造出独属于自己的精通技能。

小赵的父母一直在商业圈打拼，不仅拥有发展不错的企业，而且在整个商业圈拥有不错的口碑和人脉。因此，他们一直期望小赵能向商业领域发展，可小赵从小就对舞蹈感兴趣，还立志成为专业舞蹈家。

小赵在 18 岁的时候面临人生第一个职业选择：一是考上大学继续深造，学习更多的知识；二是接受一位专业舞蹈家的邀请，成为一名职业舞者。

面对这一抉择，小赵毅然决然地投向了舞蹈的怀抱，很快便成为一名年轻的舞蹈界新星。可惜的是，她在经历了几年舞蹈生涯的巅峰时期后，踝骨出现了一次严重损伤，虽然后来得到了恢复，对平时的活动也没有什么影响，但她如果想继续跳舞的话，将长久忍受踝骨的疼痛。

伤痛让小赵意识到自己可能要提前结束心心念念的舞蹈生涯了。可此时她已经 25 岁了，想重新走入校园学习可谓困难重重，而且她本身的想法也是为舞蹈艺术奉献自己的力量。

就在她不断寻找和选择自己未来的职业方向时，她的朋友、父母在了解到她的想法后，给出了一个建议：从商业领域着手，为舞蹈艺术贡献力量。比如，可以从事舞蹈艺术组织工作，推动舞蹈组织良好运作，让舞蹈艺术体系的各方都能心无旁骛地发展。

这个建议让小赵眼前一亮，她很快就报考了商学院，学习了对应的商业知识，并在之后的 10 年一直从事舞蹈艺术的组织工作。在这一领域，她逐渐获得了一定的成绩，可也发现了一些问题。

一方面是她发现自己的发展道路好像越发偏离了为艺术贡献力量的初衷，另一方面她察觉到了很多舞蹈演员并不是因为自己作品不好、能力不佳而失败，更多的时候是因为不懂得营销自己而失败。

于是，小赵开始真正聚焦自己的优势，从 40 岁开始逐渐将自己对艺术的理解和感悟，以及在商业领域的拼搏和感受融合起来，从而形成了独属于自己的精通技能，成了一名指导舞蹈演员管理自我和发展自我的专业咨询师。

案例中，小赵本来的舞蹈演员职业生涯因为身体状况难以为继，所以她只能向其他方向进行延伸，而舞蹈本身就是她所喜爱和愿意投入精力的领域，最终她挖掘到了独属于自己的职业发展领域，聚焦了自身的优势，成了引导舞蹈演员管理自我和规划舞蹈演员职业生涯的咨询师，从而能够更好地为舞蹈艺术做贡献，帮助更多舞蹈演员拥有更加广阔的发展空间。

想要锚定你的甜蜜区，你就需要打造出自己的精通技能，在职业生涯发展的过程中，通过不断询问自身到底擅长什么、喜欢什么、社会需要什么，将前两者进行融合之后，你所擅长和喜欢的技能就会逐步发展为自身独特的优势，当这个优势和社会需求相结合后，未来的职业生涯发展之路就会更加清晰。

☞ 有效提高属于你的领导力和管理能力

进入职业生涯的第二个阶段，除了要聚焦你的优势，打造出属于自己的精通技能外，你还需要有效提高属于你的领导力和管理能力。

绝大多数个体在经历职业生涯的初始阶段后，无论是能力还是关系网，都已经有了一定底蕴，开始从一个普通执行者向管理者，或者从一个中层管理者向高层管理者、领导者过渡。这一阶段就需要个体拥有足够的领导力、管理能力，才能真正引领局势。

想要成为高层管理者或领导者，个体必须拥有战略眼光，从更高的位置去洞察职业乃至行业全局，在此过程中，一些领导能力极强的管理者还能锻炼出关注细节的能力，从而更好地解决各种问题。

其实，很多经过职业生涯第一阶段的个体已经成了管理者，但是只能算是初出茅庐的管理者，当进入职业生涯第二个阶段后，他们面临的最大挑战就是调整自己的领导风格，毕竟初出茅庐的管理者通常只是借助职位威严来命令手下，这并非真正的管理能力，想获得管理能力，必须在一定程度上扩大自己的影响力，具体需要注意以下几项内容。

第一，作为管理者，你自然会受到更多人的关注乃至模仿，因此你在言谈举止上需要处处谨慎，因为关注你的人能从你表现的蛛丝马迹中感受到你的情绪、特点、压力、状态等，甚至会根据你的表现调整自己的态度和行为。

也就是说，管理者的一举一动都会给团队带来一定的影响，所以管理者一定要注意自己的外在状态，以便传达最正确的信号。

第二，管理者通常会领导一个团队或部门，甚至统领一个组织，如企业，想让这个团队或组织真正拧成一股绳，管理者就需要提出一个所有人都认可的目标和愿景。之后，管理者再借助自己的影响力，带领团队和组织成员形成拼搏的信念。

需要注意的是，团队或组织中的人员通常不会太过稳定，所以为了确保团队或组织能一直向愿景所指示的方向前行，管理者就必须不厌其烦地去重复这个目标和愿景。

第三，从成为管理者的那一刻起，你就要着力构建属于自己的核心团队，寻觅能为你效力的同事和人才，但千万不要拘泥于某一类型的人才，而应寻找能优势互补的人才。对于这些人才的考察，也不能仅从能力角度出发，更重要的是必须"志同道合""信念相符"。

第四，作为管理者，你在与组织、团队中的其他个体持有不同观点、意见时，一定不要让这种不同发展为对抗。工作过程中出现不同决策和想法很正常，你需要做的就是将不同的观点控制在探讨的范畴之内。所以，最佳的做法是将有争议的问题单独拎出来放到小型会议上探讨解决。

第五，你一定要清晰地认识到自己并不是万能的，这也就意味着你在管理过程中同样需要他人的帮助。所以，你在管理团队时，一方面要让团队人员感受到平等的态度，让人产生信赖感；另一方面需要时不时征求更加专业的团队或人员的意见和建议。

虽然进入职业生涯第二个阶段后，你能通过聚焦优势逐渐攀上职业生涯的高峰，但前提是你得时常检查自己的状态，尤其是推动职业生涯发展的重要原料，确保它们充足，这样你的职业生涯发展才能更加顺畅。

收获阶段：优化长尾

当你度过了职业生涯的第二阶段，差不多也快 60 岁了，此时的你已经处在退休的边缘，甚至可能已经退休。其中，大多数个体会认为，既然已经可以离开职场，那么就这样安安稳稳地过好退休生活吧。

但如果你在职业生涯前两个阶段过得都非常平稳，而且取得了不菲的成就，那么选择在职业生涯后期直接离开职场的话，你可能会感觉不太舒服，毕竟，对于平稳度过职业生涯前两个阶段的绝大多数人而言，职业和工作所带来的，一方面是源源不断的幸福感和满足感，另一方面则是永不停息的成就感。如果突然之间停止工作，你会感受到一种极不适应的失落感，就如同人生价值好像突然之间消失了，甚至身份感都一下子丧失了一大部分。

☞ 学会投资自己

大多数在职业生涯第二阶段末发展为企业高管的个体，如果在进入职业生涯的第三阶段后直接退休，那么最开始的一段时间可能会感觉到无比轻松自在，但是这种轻松和自在感消退之后，他们就会陷入源源不断的沮丧、无助、孤单之中。

这是因为这些个体本来处于极为重要的位置，做着对企业、对社会而言都非常重要的事，可是突然有一天他们完全不需要继续了，仿佛一下子成了"多余的人"，这种强烈对比会让心理出现巨大失衡。

所以，如果你想在进入退休阶段后仍旧在职业领域发光发热，你就需要转变一下自己，在确保自己进入退休阶段依旧拥有一个健康状况良好的身体后，鼓励自己继续在职业领域拼搏。当你转变自己的思路后，你会发现职业生涯的第三个阶段完全属于收获阶段，这是对你在前面30年左右的职业生涯中不断努力、完善、提升的回馈。

这就要求你在职业生涯的第二个阶段末，学会对自己的未来进行投资。最简单的方法就是对自己退休之后的时间加以规划和安排，做一个未来的计划。这份计划，需要你从忙碌、紧张的工作进程中逐渐调整并趋向平稳，而不是直接停止一切工作。此外，你还要对身体和精力做好恰当的安排。

整个投资自己的过程，亦即你的职业生涯阶段，可以视为一辆列车在启动后的行进之路，初始阶段列车需要不断加速，你通过积累各种原料，供给列车足够的燃料；沉淀阶段列车开始真正奔驰起来，速度也会越来越快，而你积累的原料越丰富，列车的加速过程和最终速度就会越快。

到了职业生涯的第三阶段，如果直接退休不再工作，就相当于一直在高速行驶的列车被直接踩死了刹车，车内的人必然会遭遇冲击。所以，处于第三阶段的你在投资时，需要制订一个计划，让自己的列车拥有一个逐渐减速的过程，在减速的过程中不断去收获，甚至还可以继续强化自我，将前两个职业生涯阶段所形成的影响最大化地发挥出来。

老吴刚刚退休半年，本来他还在憧憬自己能在退休之后到各处去旅游、健身，享受儿孙满堂的天伦之乐，可当他将这些渴望都体验了一遍之后，却有一种无所适从之感，尤其是他的精力还很充沛，头脑也非常灵活，赋闲在家的日子根本没有让他感觉到舒服和自由。

退休半年之后，老吴实在无法忍受自己仿佛被事业"抛弃"的感觉，便开始真正规划自己的未来生涯，尤其是事业领域的未来。

他认为，自己虽然已经退休，但是完全可以继续在自己擅长的职业领域发光发热，于是凭借自己在前两个职业生涯阶段所积累的丰富经验，再一次进入了职业领域。

老吴是研究生学历，拥有丰富的自动化研究所工程师工作经历，不仅能熟读各种英文文献和学术研究报告，还掌握了多种计算机编程语言，他在退休之前就对物联网领域有浓厚的兴趣，所以在退休之后开始寻找这个领域的机会。

本来，老吴渴望发展的这个方向完全属于年轻人的赛道，需要拼体力、拼精力，更需要足够的创新能力。老吴虽然在体力和精力方面并不具备足够的优势，但是他丰富的经验及早已形成的自主学习能力，却让他拥有了领域智囊的优势。

老吴充分展现了自己的价值，即在学会新技术的基础上，快速将经验和新技术融会贯通，并快速在实际工作中加以应用。凭借这一优势，老吴进入一家物联网开发企业，成为该企业的智囊人物。

老吴本就对该领域极为关注，丰富的工作经历又让他在物联网领域有很多相关人脉资源，凭借丰富的经验和融会贯通的能力，老吴快速为企业带来了新的项目和机会，从而在企业内部站稳了脚跟。

就这样，老吴在退休之后重新找到了自己未来的职业生涯发展之路，开启了自己事业的另一个春天。

案例中的老吴，其实就是在职业生涯的第三个阶段对自己做出了更加恰当的投资，不仅学习新技术，还将自己所有的优势和精通技能都充分发挥出来，即便身体和精力已经远不如年轻人，他所具备的自主学习能力和影响力也能让他在职业生涯中继续收获成果。

☞ 不要停止挑战的步伐

在职业生涯的第二个阶段，大多数职场人需要不断聚焦自己的优势，以便使自己的底蕴越发深厚，并继续填充职业生涯发展所需的各种原料。但是，在关注当下的同时，我们还需要将眼光投向未来，毕竟在第二阶段结束后，我们还面临着职业生涯的第三个阶段。

为了确保自己能成功从第二阶段过渡到第三阶段，在职业生涯第二阶段结束之前，每个职场人都需要做好未来规划，而不是猛然间停止前进的步伐。

要做到这一点，可以从两个方面着手。

一方面，从职业生涯第二阶段起就要不断进行试验，这需要从一个问题开始——未来的几十年应该怎样去度过。

在思考这个问题时，你可能处在职业生涯第二阶段的巅峰期，不一定有针对第三阶段的确切方向和想法，此时，你完全可以放开思绪，让自己去尝试各种各样的角色、职位、行业，并通过一次次试验，确定自己未来的使命和目标。即使你在整个过程中都未寻找到明确的方向，这些经历也必然会对你产生巨大的帮助。

在寻找职业生涯第三阶段的方向和使命时，你还需要借助自己灵活的思维能力，及时接受身份的转换，比如，你在职业生涯第二阶段可能是一位执行者，但进入职业生涯第三阶段后，多数情况下你会成为一位建议者。

这种转变虽然大，却是你职业生涯中的蜕变和进击。身为执行者，你需要聚焦优势，培养自身的各方面能力，打造出自己的精通技能，身先士卒从而引领团队；而转变为建议者，你则会完全依托影响力及丰富又完善的经验，进入优化长尾的阶段。

在这个过程中，哪怕你无法明确第三阶段的使命和目标，也不需要担心，你依旧可以在不断尝试的过程中逐渐发挥自身的影响力，前提是必须保持身体的健康，确保自己拥有足够的精力面对各种困境。

另一方面，则是在职业生涯第二阶段末期开始寻找一个能充分发挥自身影响力，并且能让自身的精通技能充分表现的方向，然后尝试创业，为自己的未来开辟一个新篇章。

或许，你在不经意间寻找到了一个非常契合自身使命和愿景的创业机会，比如，在做一些自由职业或咨询服务时，你可能会发现感兴趣的方向，如果恰逢你的职业生涯进入第三阶段，你就可以大胆尝试一下。

需要注意的是，虽然你已经平稳度过了职业生涯的前两个阶段，但这并不意味着你能高枕无忧地创业成功。在这个过程中，你可能会遇到各种各样的问题和障碍，这就需要你借助自己的稳定关系网，寻找到能帮助你的人，并借助自身的影响力，将新事业进行下去。

第三章
规划未来·谋定职业道路

做好职业规划

通过四个基本维度了解自我，通过升级认知认识职业生涯，其实都属于基础。职场中的个体开启职业生涯后，就需要有意识地规划属于自己的未来，谋定自己的职业道路，即必须学会做职业规划。

通俗来说，职业规划其实就是对你可能长达半个世纪的职业生涯做出阶段性规划，以计划、目标的形式引导自身的职业发展。具体而言，就是弄清楚你想要从事什么职业，你的职业能带给你什么变化，你数十年的职业生涯该如何安排，在职业生涯中该如何提高效率，该如何通过职业生涯展现自身价值，等等。

☞ 职业规划到底是什么？

职业规划与个体的人生路、职业发展息息相关，而不同的人对职业规划的认识和称呼也可能有所不同。最常见的就是很多人会对自己的未来人生进行规划，然后总结出一个看似庞大且遥远的梦想。

很多人的梦想与职业领域相关，如成为国际型企业的董事长，其实这就已经属于职业规划的范畴了，属于跨越数十年乃至整个职业生涯的规划，属于职业领域的最终发展目标。

除了这种跨越时间最长的终极职业规划，职业规划还可以根据不同的时间跨度分为多种类型。

比如，3 年之内的职业规划属于短期职业规划，主要目的是给自己树立与职业相关的奋斗目标，并力争在对应的时间内完成，包括想要提升的能力、想要培养的技艺、想要学习的知识，以及想要获取的人脉，等等。

又如，5 年内的职业规划属于中期的职业规划，主要目的是明确自身在近几年的职业发展方向，确定职业目标，包括成为部门管理者、获得团队支持、奠定未来职业发展之路的关系基础等。

再如，10年内的职业规划属于长期职业规划，该目标还需和梦想相关联，可以理解为将梦想拆分之后的一系列小目标。这样，长期的职业规划相加，最终就是你的人生梦想，也就是你的人生规划了。

职业规划虽然对于个体而言属于自我未来的规划，但在制定时并非全部由个体主导，而是会受到外界环境和各种因素的影响，如受到父母、学校和社会发展方向的影响等。

我们需要做的就是让职业规划保持一定的主动性，即个体主动积极参与制定过程，只有这样，在职业规划制定完成后，个体才会更有效地执行。

整个职业规划主要由三个部分组成，而且它们之间还存在逻辑关系。

第一，职业方向的选择和锚定，当然这种选择和锚定并非绝对，而是一种相对动态的锚定，即在校期间就应该确定一个大体的未来职业发展方向，以便让自己拥有更加清晰的职业设想。

第二，基于职业方向的选择对职业目标进行设定。这是对职业方向的细化和总结，同时是挖掘职业发展动力的关键。倘若仅有职业道路的大致方向，却看不到清晰的目标，长此以往就会让人身心俱疲。

第三，为实现职业目标进行通道设计，这是推动个体向职业目标不断前行、不断完善的行动路径。通常，终极职业目标非常之大，甚至有时还会显得遥不可及，想要真正实现这个最终的目标，你就需要通过职业规划，将庞大的目标加以分解，形成一系列逻辑相关的小目标，然后规划出实现每一个小目标所需要的行动。

三个部分息息相关、层层递进，最终指向的就是实现职业目标，展现自我价值。

☞ 如何进行职业规划？

进行职业规划的主要目的并非单纯局限于让我们找到工作，而是让我们能拥有一个行动起来更加开心、成就感更强、更能体现自我价值、有更广阔未来的职业道路。

所以，进行职业规划最重要的一步就是明确职业方向，只有方向明确，目标才更容易明确，据此规划出的行动路径才更加合理。可是，职业方向的锚定并非一蹴而就，通常需要个体不断去寻找和挖掘内心深度认可的职业发展方向，这是一个过程，其间个体可能还会面临方向的调整与改变。

想要明确职业方向，需要询问自己一个问题：我适合什么职业，或者说，什么职业适合我？答案就在以下几个角度的交叉处。

首先是擅长，即做你擅长的事，而你之所以会擅长，就是因为你拥有这个方向的能力，做擅长的事自然会更加得心应手，也更容易从众人之中脱颖而出。

其次是喜爱，即你的喜好和兴趣所在，因为喜欢，所以更容易投入精力，也更愿意去挖掘和探索，即使过程中遭遇各种困境，也会因为兴趣和热爱而坚持不懈。

再次是价值，即做你认为有价值的事，无论是对你来说有物质价值还是有精神价值，只要对你而言有价值，就值得去做，这样你会在做事的过程中不断获得成就感。

最后是发展，即你所做的事，一方面是你有机会去做的，另一方面则一定要拥有巨大的发展空间、拥有持久的发展潜力，只有这样，这件事才能成为你职业规划中的有效事务。

小富在大学期间学的是与化学有关的专业，不过他在学习之余，还对修理各种电器情有独钟，所以整个大学期间，每当宿舍和班级里同学的各种小电器（包括剃须刀、随身听、宿舍的空调、笔记本电脑、电风扇等）出现问题时，他们第一个想到的就是小富。

随着小富修理的小电器越来越多，他的技术也越来越娴熟，乐此不疲的小富在大学就读的几年间，甚至成了非常有名的"小工程师"。大学临毕业时，他开始思索自己未来的职业方向。

小富发现，虽然自己喜欢和擅长修理小电器，但在如今社会，电器修理行业的发展状况一般，而且产业位置偏低端，从业者的社会地位也比较低，发展空间其实很有限。

一番思索之后，小富不由地对修理电器这个行业的价值产生了怀疑。尤其是在智能化越发普及的互联网社会，单凭寻常的电器修理技术在社会上根本站不稳脚跟。

于是，小富在毕业之后，直接放弃了电器修理这个职业方向，而是选择了其他。工作后的小富虽然依旧喜欢修理小电器，但将其作为调节生活的一项活动。

电器修理没有持久的发展潜力，因此无法成为小富的职业目标和职业方向。基于上述问题和案例，我们在明确职业方向时，可以从自我角度、价值角度和环境角度综合分析，以洞悉适合自己的职业方向。

其中，自我角度主要分析的是本性取向，通常以快乐、幸福为导向，可以通过性格、喜好、兴趣、价值观、个体需求呈现，即选择适合自我本性的事务，这样个体在行动过程中也会感觉到舒适，也更容易获得成就感。

价值角度主要分析的是个体对社会产生的价值，这是一种客观的价值，可以通过个体的能力、知识体系、经历、天赋、人脉等内容来呈现，这种价值有一定的相对性，有时你对社会的价值在某个职业领域可能微乎其微，但对另外的某个职业领域却价值巨大。

环境角度主要分析的是职业机会，通常可以通过职业环境、组织环境、产业环境、家庭环境、社会环境等几个方向来呈现，环境角度决定的是社会中存在的职业机会，以及这些职业在社会领域的发展潜力、发展方式、发展路径。

需要注意的是，虽然明确职业方向、进行职业规划可以依托上述三个角度来分析，但在不同职业生涯发展阶段以及不同的社会发展阶段，三个角度的侧重、先后顺序等会有所不同，因此需要立足实情、灵活应对。

职业规划内在价值

进行职业规划能在很大程度上辅助个体更好地开启职业生涯，并有效推动个体在更适合自身的职业领域发展、跃升。具体来说，职业规划对个体的职场发展功效显著。

一是能让个体拥有更加清晰的职业方向和职业目标，从而使个体更容易获得心仪的工作，提高工作满意度，增强就业能力。

二是能让个体在学习和提升过程中更具针对性，毕竟有了清晰的职业目标和方向，个体就更容易了解自己需要在哪方面提高，这种有针对性的提高也更容易直接反馈到工作中，使投入和产出比更高，收获更大，并且可以有效提高个体的职业竞争力，从而使个体更好地在职场内发展。

三是通过职业规划，个体更容易扎根到自己感兴趣的职业方向，在兴趣的引导下，个体不仅生产力会更高，在此方面的潜力也会被充分挖掘，从而获得更高的报酬。

四是借助职业规划，个体可以在合适的职业方向更长久地工作，拥有明确目标、工作兴趣、从业经验后，个体对自己职业生涯的掌控力也会加强，能在特定的阶段了解到未来自己应该向哪个方向发展提高，从而拥有更加满意的职业生涯。

☞ 解决就业问题

个体进行职业规划，最基本的目标是解决自身的就业问题，尤其是个体在进入职场、换工作的关键节点，更应思考一些关键问题，包括自己应该做什么工作、适合做什么工作、哪种工作更契合自己的未来发展等。

从国家和社会层面来看，就业问题的妥善解决还涉及国家的稳定发展、经济实力的提高等，个体获得就业机会看似只是解决了个体的择业问题，但聚少成多，无数个体的就业，解决的就是社会经济的发展问题和国家发展的问题。

社会层面的就业问题与个体的职业意愿、求职动机、职业动力等密切相关，尽管社会上就业岗位和就业机会充足，如果个体没有足够的求职动机，就业问题还是会出现。

职业规划能在一定程度上解决社会层面的就业问题，即可以通过职业规划来激发个体的求职动机，让个体拥有丰沛的职业动力。

首先，通过进行职业规划，个体能对自身的职业发展、职业未来有一个大体的方向和目标，从而减少在职业方向领域的困惑，更容易拥有清晰的职业定位。拥有清晰的职业定位后，个体的职业动力也会更大，职业意愿也会更明确。

其次，进行职业规划能让个体拥有更强的核心竞争力。无论是刚走出校园的新人，还是进入职场多年的老手，只有明确职业规划，明确职业定位，才能洞悉自己的方向和未来，从而更容易在正确的领域有效积累，包括各种能力、认知的积累，以及对产业和行业发展趋势的深刻认识等，也就更容易在职业领域快速成长和发展。

最后，进行职业规划后，奋斗方向和努力目标会更加清晰，个体就会更加主动地进取，从而更容易在属于自己的职业领域快速提高。

职业规划除了能激发个体的求职动机、给予个体足够的职业动力外，还能在很大程度上缓解社会的就业压力。因为通过职业规划的制定，个体会拥有更加清晰的职业目标和职业方向，也会更快锚定最适合自己的职业和岗位，这一方面提高了求职的速度，另一方面降低了就业成本，无疑会让社会的就业压力得到缓解。

另外，通过进行职业规划，个体更容易在恰当的职业岗位上不懈努力和提高，对于社会而言，个体的工作持久性更强意味着社会中的职业岗位就会更稳定。与此同时，个体如果能在适合自己的职业方向发展，自然就会拥有更高的工作满意度，内心幸福感也会更强；而越是身处适宜的职业岗位，个体收入也就越高，给社会带来的经济财富也就越多。

也就是说，个体的职业规划不仅是在规划自己的未来、谋定自己的职业道路，而且在很大程度上缓解了社会的就业问题：借助职业规划，更好地进行职业定位，寻找契合社会发展、个体渴求的一致目标，根据职业规划有计划地实施，如此一来，不仅个体的职业发展会更加顺畅，社会的就业压力也会得到缓解，最终就会实现个体和社会的共赢发展。

☞ 推动企业的发展和蜕变

个体的职业规划能有效推动个体自身的职业发展，能缓解社会的就业压力。同时，有明确职业规划的个体进入企业，也会推动企业的发展和蜕变，而这样的价值，则促使着如今很多企业开始引导员工加强职业生涯管理。

现如今，很多年轻员工好像"越来越难以管理"，其实，这主要是因为很多年轻员工早已经在校园阶段就开始重视职业生涯，不少人还对自己的职业生涯有详细规划，他们更期望在职场中获得对应的经济回报，以及更快实现自我价值。

不过，虽然绝大多数年轻员工有一定的职业规划，也有自己的职业目标、职业方向，对自身的工作有一定的想法和期待，但是因为职业规划的专业度不够，所以很多时候职业目标和方向、期待和想法会与现实存在一定的偏差。

甚至，有时个体在工作过程中会发现期望值与现实极不匹配，导致工作热情不足或者备受打击，从而严重影响工作效率，并对个体的职业未来发展造成不利影响。

从这个角度而言，个体职业规划的科学合理制定其实对企业而言也极为重要，所以企业完全可以引入员工职业生涯管理系统，以便在企业内部引导员工科学地进行职业规划。

企业辅助员工进行职业规划，不仅能引导员工确定精准的职业方向，还能帮助企业找到真正所需的人才；企业通过引导员工进行职业规划，还能促进员工更清晰地认知自我，从而挖掘自己的潜力，最终更好地为企业服务。

在企业内部，由专业人士引导员工进行职业规划，可以让员工更好地认识职业生涯，工作时更清楚地知道自己还欠缺哪些能力，并加以针对性提高，这样不仅能增强员工对企业的归属感，还能提高员工的工作效率和积极性。企业员工各方面能力的提高，自然也会反哺企业本身，从而实现员工和企业的共同发展。

可以说，科学的职业规划对于个人、社会和企业，都有极为重要的内在价值，不仅能让个体在职业生涯中发展得更加顺畅，还可以促使企业寻找到更加契合自身发展需求的人才，从而缓解社会的就业压力，促进社会之中各企业组织的协调发展。

摸清职业发展模式

想要谋定你的职业道路，规划出属于自己的职业未来，就必须摸清楚职业发展的整体模式。其实，个体的职业生涯，除了半个世纪、三个阶段的职业内部生涯之外，还有两个奠基阶段：一个是最基本的成长阶段，另一个则是尝试性的探索阶段。

成长阶段跨越了个体从出生到青春期的整个过程，这一阶段个体主要是一步步感知"职业"，并逐渐形成初步的社会参与感，但对职业领域还处于一知半解的状态。

整个成长阶段差不多会持续到 14 岁，个体通常会通过日常的接触和了解，对各种职业有初步认知，并逐步体会到兴趣和能力的重要性，其间，一些个体还会在玩耍和学习的过程中，不知不觉对感兴趣的职业进行幻想式模仿。

之后，个体会逐渐根据自己的喜好和兴趣，对各种职业形成一定的认知和评价，最后甚至会根据自己对职业的评价，开始思考自身的条件、能力和所渴求职业的匹配程度，自主意识觉醒，自觉培养渴求职业所需的能力。

而尝试性的探索阶段，则会延续到 25 岁左右，即正式开启职业生涯之前。该阶段虽然是尝试探索阶段，但已经开始形成职业发展分支，有些个体在此阶段开始逐步进入职场，也就是说可能开启了职业生涯，而另一部分个体则依旧处在学习阶段。

逐步进入职场的这部分个体，通常前期是在课余生活中综合考虑和认识自己的能力与职业兴趣，开始尝试寻找就业机会，或者留意就业机会，逐步思考实现自身职业目标的可能性。

这部分个体后续可能会直接结束校园学习生涯，正式参与职业培训或正式开启职业生涯，但是受到现实生活的影响，他们更加注重现状，所以会以自我观念为主体，选择对当下自身最有益，也最容易进入的职业领域。

在职场打拼一段时间后，因为该职业不一定契合自身长久发展的方向，所以他们可能会在探索后期尝试不同的职业方向，并逐一试验将不同职业发展为长久职业的可能性，同时会更广泛地吸纳和学习各种经验、知识，以便让自己更加适应多变的社会和职业领域。

度过探索阶段后，职业生涯才正式开启，而此时，这部分个体因为已经积累了一定的职场经验，所以更容易适应社会，但同时受限于所学知识和经验，职业生涯的开启很可能并不太顺畅，依旧需要努力摸索。

25 岁左右之前一直处于学习阶段的个体，因为学业较为繁重，则相对而言会将思考职业兴趣、认知自我能力后延。他们在探索阶段前期的主要任务是增加知识储备、攻读学业和探索性挖掘职业兴趣。中期阶段他们会深入思考自身能力与兴趣，并开始逐渐明确自己的职业方向。

到后期阶段，该部分个体会根据自己逐渐明确的职业方向，借助各种机会尝试职业岗位，从而积累一定的职场经验，同时会筛选职业领域，如果发现职业方向和自己的特性不吻合，他们会快速加以调整。

☞ 学会评估和复盘

走过奠基阶段后，你就会正式步入职业生涯，从这时开始，要想不断规划自己的职业生涯，你就需要摸清职业发展模式，学会评估和复盘自己的职业，最好能在不同的职业生涯阶段进行自我职业评价，以确保自己能更好地谋定职业道路。

评估和复盘职业，最好能在每年年末都进行一次，专门腾出几天时间对过去一年的职业道路进行反思，盘点一下自己的收获、成就、进步，也顺便思考一下自己在职业领域的欠缺和问题，找到自己的短板。

要想做到这一点，可以询问自己几个问题：①你是否在学习和成长，包括专业能力、技艺、人际关系、知识底蕴、工作经验、解决问题的能力等各个方面；②你是否在工作中体会到了乐趣，是否拥有足够的求知欲望；③你是否开始对同事、职业领域、企业或社会产生影响；④你是否得到了合适的奖励，包括物质奖励和精神奖励，同时这些奖励是否匹配你所创造的价值，包括对企业的经济价值和对社会的价值。

这四个问题需要你从自身的角度，权衡彼此的权重。比如，当你刚刚从校园进入职场，那么上述四个问题中，第一个问题的权重必然更大，甚至可能在80%以上，而其他三个问题，权重也会有所不同，比如，第三个问题的权重甚至可以只占1%，毕竟刚刚进入职场的你，影响还谈不上多大。

此外，你还需要根据未来一年的职业规划、职业岗位需要、生活状况、人生计划等，对上述问题的权重加以调整，以便让自己拥有更加清晰的未来方向和未来目标。

通常情况下，在职业生涯的第一个阶段，因为新进职场，能力和经验等尚不成熟，所以你在进行权重分析时，可以侧重学习方面；随着你逐渐适应职业生涯，你就可以根据自身需求，灵活调整不同问题的权重。

比如，当你已经适应职场，职业岗位也较为稳定后，恰好需要更多的生活费用，那么就需要增大奖励问题的权重，但千万不要将其他问题的权重完全归零，因为四者的平衡发展才是职业稳定发展的前提。

到了职业生涯的第二个阶段，就需要逐步提高乐趣、影响力的权重，但学习的权重也必须足够，毕竟如今社会发展日新月异，不断有新事物和新技术出现，如果停止学习的步伐，就相当于逐渐与社会脱节了。

职业生涯的第三个阶段，则更需要侧重提升影响力的权重，因为此时你的职业发展进入了收获期，但身体必然会走下坡路，所以需要以影响力为主，来推动职业生涯的继续发展。

☞ 进行合理的时间投资

人这一生中，每天都有一定的自由时间。那么，什么是自由时间呢？即除去睡眠时间，其他能由个人灵活支配的时间。

进入职业生涯后，按每周为一个节点来计算，每个人平均每周大约会有100个小时可以自由支配。在这100个小时中，有一定比例的时间需要投入工作中，而其他时间则涵盖了学习、家庭、娱乐休闲、锻炼、饮食等各个方面，不同的人还可能会有特定的时间分配，如生病的人还需要分配一定时间用于接受治疗等。

需要注意的是，投入工作的时间并非你的工作时长，而是你全身心投入工作之中的时间。按照正常的企业来分析，每天 8 小时工作制，一周五天工作日的模式，也就是一周之中有 40 个小时属于工作时间，但有很大一部分企业可能会因为工作紧急度较高，需要加班加点完成工作，这样工作时间自然而然就需要加长。

通常情况下，个体每周工作 60 个小时已经属于极限。如果超过这个极限，即便你在锻炼和娱乐休闲层面投入再多时间，身体和精力也无法一直保持巅峰状态。

也就是说，你每周需要将一半左右的自由时间分配给工作，而剩下的一半则需要得到最合理的安排，以便更好地对时间进行投资。比如，当你处在 30 岁到 40 岁的阶段，结婚后孩子出生并成长，此时你必然需要在家庭中投入一部分时间和精力。

如果你已经 55 岁以上，此时就需要注意增加锻炼、饮食和娱乐休闲的时间，以便让自己拥有一个更加健康的身体和更加放松的精神状态，这样才能确保工作时拥有足够的精力和体力。

当然，具体如何分配属于你的自由时间，也只有你自己才能给出一个完美的方案。因为不同的个体会有不同的特性，尤其是在工作忍耐度、压力忍耐度方面会有所不同，喜好和兴趣也会不同，所以每个人的时间分配和投资手段都不尽相同。

不过，其中有两方面内容是必须受到关注的，一方面是工作部分，这部分的时间投入必须有所保证，这是让你和社会保持紧密联系的关键。另一方面，则是能让你获得幸福感、满足感和成功感的其他部分，如果学习会让你拥有更强的满足感，那么你就可以尝试在学习领域投入更多时间；如果家庭和休闲娱乐能让你获得更多幸福感，那么在家庭和休闲娱乐方面投入的时间就可以增加；如果锻炼健身能让你获得幸福感和满足感，你就可以针对性地制订自己的健身计划，投入相应的时间。

在这个过程中，有一个非常中肯的建议，那就是非工作部分的重要活动，千万不要彻底"删除"，你可以在一定程度上压缩它的时间，减少对它的投入，但绝对不要"一键删除"。

比如学习，在某个阶段，你完全可以压缩学习时间，但千万别放弃学习，因为，压缩学习时间至少能维系习惯，但删除掉这一项，良好的习惯就可能再也无法重新建立。长此以往，你很可能就无法跟上社会发展的步伐。

也许，在职业生涯发展的过程中，你会在某个阶段感觉自己的时间根本不够用，此时你就需要合理运用各种碎片时间，以碎片时间处理非工作性的事务。

比如，锻炼身体并不一定天天都进健身房。完成可以用一些碎片时间健身，即便每天只锻炼 10 分钟，只要这个习惯能维持下去，在未来也会给你带来巨大的回报。

另外，通勤的碎片时间同样非常重要，你完全可以在通勤过程中，将碎片时间变得更有价值。比如，可以骑自行车来通勤，这样既能锻炼身体，也能确保时间不会被浪费；如果你的通勤工具是公共交通，那么你完全可以在通勤时学习，或者构思，或者听有声书。

规划你的职业蓝图

熟悉职业规划的内容，了解职业规划的价值，摸清职业发展的模式，其实都只是铺垫，想要真正规划自己的未来，谋定自己的职业方向和职业道路，你还需要行动起来，画好你的职业蓝图。

不妨将整个职业生涯比作一场旷世旅行。旅途中的我们想要去探索未知，安全而愉悦地抵达目的地，就必须有一份详细的地图，甚至需要有一位能讲解地图的导游。之所以需要地图和导游，是因为前往同一个目的地，通常可规划出多条不同路径，地图能让你挖掘出各种各样的路径，而导游则能辅助你了解不同路径的不同特性，如更近、更经济、更顺畅。

进行职业规划同样如此，即先明确职业目标，这是职业发展的大方向。目标和方向明确后，想要完成它，同样有无数条道路可以达到，为了少走乃至不走弯路，你就需要提前规划职业蓝图，构建出属于你的职业发展路径。

职业生涯与普通旅行不同的是，普通旅行即便走错路线，甚至走反了路线，也可以转向重来，甚至还能欣赏到其他路线上的不同风景。可职业规划不同，虽然不怕走错路线，但至少要确保职业目标和职业方向没有错误，否则就会离职业生涯的成功越来越远。

☞ 常见的职业发展通道

通常情况下，进入职场后，个体就需要进行职业发展通道规划了，尤其是在某一个企业内部，无论是员工个体，还是企业人资，都要设计对应的职业发展通道，因为这是推动企业和个体不断发展的重要手段。

企业和个体所设计的职业发展通道，以单通道、双通道和多样化通道为主，其中单通道发展已经无法满足如今的社会发展趋势，主要原因就在于单通道发展很可能会让企业和个体陷入两难的境地。

比如，本身是优秀的专业技术型人才，却只有一条晋升管理岗位的职业发展通道，那么结果有可能是人才感觉自己根本不适宜继续发展。此时，企业即便留住了人才，也可能只是留住了一个无法胜任管理岗的技术人才。

所以，职业发展通道应该是双通道，或者是多样化通道，必须拥有一定的选择空间，以便人才和企业能进行双向乃至多向选择。比如，对于专业技术型人才，企业可以给予两个职业发展方向：一个是专业领域的工程师方向，一个是管理领域的管理岗方向。如果只希望在技术层面有所突破，那么完全可以选择工程师方向；而如果渴求向管理岗发展，自然可以培养管理能力，逐渐从技术人才转化为管理人才。

从个人的角度来看，个体的职业发展通道有四个不同的取向。

一是专业技术取向，即以专业技能来推动自己成为某行业、某方面的能手，当然这个专业技术取向的范围需要拓宽，并非简单的技术操作，而是囊括了销售、生产、策划、设计、咨询、演讲等多个职业领域。

二是管理取向，即以管理人员、事务为主要职业发展方向，而且管理取向还可以继续细分。最简单的就是项目管理，只需要在接手项目的过程中，灵活运用经验、专业技能、方法等，推动项目在有效资源的支撑下高质量完成即可，项目管理虽然也可能涉及人员管理，但通常是以专业技能管理和专业人员协作为主。

中等难度的就是职能管理，这种管理取向要比项目管理复杂，需要拥有基本的管理能力，并且需要与对应的管理职能水平结合起来。简单理解，就是对专属的职能部门、事务和人员等加以管理，如人力资源管理、生产管理、研发管理、客户服务管理、财务管理、行政管理、贸易管理、运营管理、宣传管理等。

最高等的管理取向则是全面管理，参与者需要独立负责一个整体部分的管理工作，需要跨部门整合资源、协调人员、安排工作和推进工作，同时要承担起对应的责任。

三是自由取向，即自由职业者，以更加自由且随心所欲的方式来安排自己的工作、生活，这种取向在很大程度上摆脱了企业等用工组织机构的掣肘，但同时需要个体拥有极强的自我管控能力。

想要成为自由职业者，个体需要拥有一些不可替代的能力，以避免行业竞争导致发展路径受阻。通常，自由职业对智慧水平的要求很高，也就是说个体必须具备极为独特的能力，而且以服务人员、脑力劳动者居多。

比如，以广泛产品资源为根基的代购、以代工为主的临时工、以项目承包为主的承包者、以技术引导为主的咨询顾问等，都属于服务人员；而会计、编辑、作家、漫画工作者等，则属于脑力劳动者。

四是创业取向，即以创建属于自己的企业、开发属于自己的产品或服务为主的发展方向，这也是风险最大、不可控因素最多的一种职业发展取向，因为创业就需要承担对应的风险，同时需要扛过各种各样的困难，排除各种障碍和问题，还需要坚持不懈的努力，这样才能逐步在竞争激烈的市场之中占据一席之地。

☞ 盘点职业发展的规律

绝大多数人开启职业生涯后，会有两个主要的职业发展方向：一个是在某一行业服务一段时间后，跨行到其他行业继续发展；另一个则是在某一行业的企业内部逐步发展，最终实现属于自己的职业蓝图。

从一家企业离开，然后进入另一家企业发展，或离开企业后在社会层面寻求职业发展，这时个体的职业发展就会受到职能与行业的影响。

如果个体从一家企业离开，进入另一家同行业企业，且工作职能也未发生改变，那么他就属于平行职业发展，职业性质未变，职业发展方向也未变。这种职业发展只是常规的更换工作或者说跳槽，不会对职业发展产生太大影响。

如果个体从一个行业离开，进入了另一个不同的行业，但工作职能未变，则属于职业性质的转变，属于职业转型的范畴。比如，本来处于日用产品生产领域，工作职能是产品质检；之后进入了建材生产领域，工作职能虽然依旧是产品质检，但标准和规则却截然不同。

因为行业有所不同，虽然工作职能未变，但工作模式也会出现变化，职业发展的最终目标也自然会出现一定变动，个体需要重新规划属于自己的职业蓝图。

如果个体从一个行业离开，进入同行业的另一家企业，但工作职能发生了改变，也属于职业转型的范畴。比如，依旧以上面案例中的个体为例，原来是产品质检，后来跳槽进入的依旧是日用产品生产领域的企业，但工作职能变成了产品研发，此时个体进入的行业未变，工作职能却天差地别，个体需要重新学习对应工作职能所需的专业能力，这样才能更快适应新职业。

如果个体从一个行业离开，进入另一个不同的行业，连工作职能也改变了，那么就属于彻底转型了，相当于从一个职业领域进入了另一个全新的职业领域。

比如，原来是产品质检，重新进入的是建材生产领域，新工作职能变成了材料研发，这就相当于接触到的产品、岗位标准等都发生了巨大改变。这时个体就需要寻找到不同行业和不同工作职能间的契合点，并以此为根基挖掘自身潜力，这样才能平稳过渡。

如果进入企业之后，个体选择在一个行业不断深耕，不断强化自我，那么这种情况则属于组织内部的职业发展方式，通常包括三个发展方向。

一是企业内部垂直方向的职级发展，即当个体在企业内部的某个职位达到了上一职级所要求的能力、素质、水平时，个体通常就能被提拔到对应的职位上，这是企业发展之路上必不可少的一环，也是挖掘人才、培养企业精英的主要手段。

个体在职业发展道路上需要注意的是，企业内部职级的攀升不一定是真正的职业发展，如果职级提高却未能担任负责核心事务的职位，或没有负责企业决策面的任务，那么职级的提高也许只是待遇的提高，个体尚未进入企业的核心位置。

二是企业内部由外而内深入的职业发展。大多数个体进入企业后，需要在工作岗位上逐步适应，并培养出自己的专业能力，不断努力，以期获得企业部门的认可。在被部门认可后，个体就已经开始由外而内深入发展了，只是此时个体可能尚不适宜被提升到更高职级，或者企业无法提供相应的职级。但相对应的是，个体在企业内部的重要程度不断提高，对企业尤其是部门的了解越来越深入，承担的责任和工作任务也更加重大。

三是企业内部横向的职能发展，即个体在某个工作职能领域发展到一定程度后，就进入其他工作职能领域，以便让自己拥有更加丰富的经验和能力。这类似于在企业内部不同的部门轮岗，从而可以了解整个企业所有层面的运营和工作流程，这样个体对企业的发展会有更全面的了解，也更有利于后续向全面管理的职业发展方向提升。

需要注意的是，个体在规划职业蓝图时一定要了解职业转型的风险，以便实现对风险的有效控制。相对而言，仅转换行业（职能不变）的风险最低，而职能转换（行业不变）的风险中等，行业和职能均转换的风险最高。涉及行业转换时，所转换的行业之间的跨度，也会对风险程度产生影响，同一产业链内的行业转换，风险更低；而当行业跨度极大时，风险就会增加。

第四章
强势评估·职业价值观

职业心态：职场提升关键

在人生路上，"三观"决定了我们的内心追求，而在职业路上，职业价值观决定未来的成就。简单来说，职业价值观其实就是我们对待职业的不同态度，而态度的差异，会让人对职业的认知、感受、理念等出现差异，最终人们所达成的职业成就自然也会有所不同。

一些人对职业抱有"我就是个干活儿的""工作只是为了谋生"的心态，也就是说，这些人只将职业看作谋生的一种手段，自己需要一份工作来获取薪水，具体做什么工作并不重要，当然其中不乏负责任的人，即使并不喜欢自己的工作，也会竭尽全力将工作任务完成并保证质量。

以这种心态对待职业，不仅会很累，而且没有太大的发展空间，因为当前的工作只是为了获得养家糊口的薪水，个体对于工作既没有热情也没有激情，既没有兴趣也没有挖掘的动力。

这样的心态，通常会出现在初入职场的人身上。需要注意的是，这种心态只会让人感觉职业根本没有发展空间和未来，从而导致工作充满无奈感、艰辛感，潜意识就会让人提不起劲儿来，甚至会有很强的压迫感，工作时自然就会力不从心，最终导致身体疲惫、内心苦闷。

想要在职场不断提升，开启拥有无限前途的职业生涯，第一步就是保持良好的心态，至少拥有基本的职业心态。这样，你在对待工作时，才会意识到职业除了能给自己提供工作报酬外，还有很多附加的内容和价值，这些附加的东西，才是你能在职场不断提升的关键。

☞ 认清"职业"的本质

很多人会把职业和工作画等号，其实这种观点并不严谨。工作只是进入某个企业之后所负责的具体任务和内容，个体通过完成任务和对应内容，获得一定的报酬。职业就要复杂得多，虽然在日常生活中，我们会将职业、职位、工作等视为一类，但其实职位对应的是一系列任务，以及处在该职位的人需要承担的职责。

反观职业对应的内容则更全面。个体需要处在某一个行业，并具备相应的知识和技能，以及各种相关素质，并且这些职业素质不应仅适用于某一个职位或者某一份工作，而是能在一些相似的职位通用。

比如，一位会计如果拥有足够的职业素质，那么他既可以进入民营企业成为会计，也可以进入国有企业成为会计；既可以在服务行业做会计，也可以在制造行业做会计。也就是说，职业、职业素质的范畴是非常广泛的，不会局限于某一个职位、某一份工作。

仔细思考还会发现，同样的职业身份在不同的行业，所对应的工作内容也可能不同。比如，编辑职业就有很多细分，有专门的图书编辑，也有专门的报刊编辑，二者同为编辑，所负责的工作内容却截然不同，图书编辑负责图书领域的工作，而报刊编辑则负责报纸、刊物等的编辑加工。

又如，工程师这一职业，处在计算机领域，就是编程工程师；处在建筑领域，就是建筑工程师；而处在机械领域，就是机电工程师。同样的职业范畴，归属于不同行业时，工作内容很可能大相径庭。

再如，销售职业差不多哪个行业、哪个企业都有，工作内容虽然都是销售，但是具体的产品、服务状况却可能截然不同，这也就造成同为销售职业，但接触的销售对象、工作的时间、销售的技巧有时会天差地别。

之所以会出现这样的情况，就是因为职业的本质包含了两个关键内容：一个是行业，另一个则是职能。通俗来说，职能就是某个职位或者某个部门在企业之中所需要承担的责任、需要负责的任务、需要承载的功能等。

当前社会，将产业结构进行了具体的分工，形成不同行业；相同行业中的不同企业，依自身需求对工作职能加以划分。行业的分支和职能的分工，最终形成了丰富多彩的职业。

所以，职业的本质其实是行业和职能的叠加形态。从这个角度来说，个体在开启职业生涯前首先需要确定自身渴求进入的行业，其次要根据职能需求明确自己的工作内容，最后才能有针对性地挖掘自己的潜力。

☞ 形成你的职业心态

了解到职业的本质后，作为即将开启职业生涯，或者已经进入职业生涯但仍有迷茫感的个体，还需要逐步培养属于自己的职业心态，以便通过职业心态来催生职业价值观，推动职业生涯快速发展。

虽然社会拥有多种多样、丰富多彩的职业形态，甚至有些职业形态看似毫不相关，但其实它们都拥有一些共同的特点。

首先，任何职业都需要参与社会分工，即职业的出现和发展，以及职业的不断丰富，都是因为社会在发展，因为社会分工在逐渐细化，所以行业越来越丰富，职业自然也越来越多样化。

通俗理解就是，不参与社会分工的事务就不属于职业。比如，很多人喜欢绘画艺术，自己也会绘制画作，但是如果个体只是将其作为一种休闲娱乐或兴趣爱好，绘制画作只是为了让自己更加放松，那么这就只是一种个人层面的娱乐活动；可如果个体绘制画作的目的并不是轻松娱乐，而是开展美育、推动艺术事业发展或者售卖作品，那就相当于参与了社会分工，这种绘画行为就属于职业行为。

其次，任何职业都对进入其中的个体提出了对应的知识、能力层面的要求，个体在进入职业之前或之后，都需要具备职业所需的特定能力和知识，以便更好地完成工作任务。

最后，任何职业都会为社会创造对应的价值和财富，进入职业的个体也会从中获得合理的报酬。在这个过程中，创造价值和财富与获取报酬是同时存在的。比如，一个小偷可以通过偷窃行为获得"报酬"，但是他根本没有给社会创造任何价值和财富，所以这种不劳而获根本就不是职业，而是一种被整个社会唾弃的非法行为。

职业本身就是行业和职能的叠加体，所以它具备一定的跨越能力，可能会跨越时间，或者跨越空间，或者同时跨越时间和空间。某种职业会随着行业的发展而不断发展，如果行业消失，对应的职业也会消失，如随着社会的快速发展，科技水平的不断提高，单纯的体力层面的职业已经越来越少；而有些职业则能横跨千年，如教师、医生等职业数千年前就已存在，时至今日依旧在不断发展。

相比较而言，工作则更像某个职业的当前状态，对应的是职业之中的某项内容，与职业方向、企业组织发展、企业任务等相关。

如果想要在社会中生存发展，开展职业活动是重要一环，这不仅是维持生计的基本手段，也是维系社会存在、发展的方式，还是个体个性发挥、技能呈现，实现自我价值、安身立命的关键。

职业心态的培养需要个体将职业摆在正确的位置：任何职业都有其独特的专业性，只有认真对待职业领域的工作内容，在学习中思索，在思索中行动，在行动中提升，才能推动职业生涯向上发展。

任何职业都会给个体一定的社会地位，而想要获得较高的社会地位，受到他人的尊重，就需要做到职业专业化，通俗来说就是要在职业领域做到能力、经验、水平等与职业要求相匹配，进而拔高，同时需要通过正确的职业心态，不断引导自己完善和提高，借助社会口碑获得职业声望，这样你的职业才能赋予你更高的社会地位。

事业心态：满腔热血的源头

对职业的认知深度以及对职业抱有的态度，决定了个体进入职业生涯后的发展状态。你认为职业是什么，这很可能就会成为你职业生涯的最终目标，从而决定你所取得的职业成就高度。

有一位记者心血来潮到建筑工地采访了三位建筑工人，三位建筑工人年龄相当，工作内容也非常类似，都在砌墙，三个人的手艺也相差无几，但是精神状态却截然不同。

记者很想知道他们到底在做什么，于是分别询问了三位建筑工人。

第一位建筑工人满脸沮丧，不耐烦地回答："没看到我正在砌墙吗！"回答完，还不自觉地抱怨道："还差这么多，今天的工作才能完成，挣点儿钱还真难！"

第二位建筑工人哼着歌，一边砌墙一边欣赏逐渐成形的建筑，听到记者的问题，他一脸自豪地说："我正在盖一栋别墅，虽然这只是别墅的一堵墙，但这可是基础，只有把墙砌直，别墅才能更加漂亮！"回答完问题，他同样自言自语道："这里风景真好，这么漂亮的地方被我盖上了漂亮的别墅，完美！"

之后，记者又去问第三位建筑工人，第三位工人听完问题后一脸严肃，环顾四周说："我正在为大家建造美丽又舒适的家园，而且，附近这个方向上适合建一个高层小区，另一个方向还可以修一座公园，这样搭配起来会更舒服！"

三位工作内容完全一样的建筑工人，对同一个问题却有着截然不同的答案，三个人对待工作的态度也大相径庭，这让记者感到非常有趣，于是将采访素材详细写进了报道里。

十几年之后，记者整理采访记录时，发现了自己的这一采访，又一次想到了那三位建筑工人，他想跟踪记录一下三个人的近况。

找到三个人并不是很难，因为三个人依旧在同一家建筑公司工作，只不过三个人的发展却迥然相异。第一位建筑工人依旧在砌墙，依旧是满脸沮丧，满嘴都是挣钱难、工作麻烦的牢骚；第二位建筑工人已经成了公司的项目经理，他时不时看看图纸，时不时和施工人员探讨如何将工程质量提高；第三位建筑工人则更加出人意料，前两位工人所在的企业就是由他创立的，并且发展得非常不错。

三位原本工作内容完全相同的工人在十几年后的职业发展却截然不同，这到底是为什么呢？其实，这主要是因为三位工人在工作过程中所保持的心态不同，影响了他们的眼界和职业生涯的发展。

其中，第一位工人的心态就是"干活儿心态"，他从来不认为自己在从事一项职业，只是在干活儿，以换取薪酬，因此一直身心疲惫，也看不到太大的希望，浑浑噩噩十几年过去，依旧在原地踏步。

第二位工人的心态属于职业心态，他认为自己所从事的是一项拥有较大发展空间与美好未来的职业，每天工作都充满了希望和动力，自然获得了提高。

第三位工人的心态应该归属于事业心态，他认为自己不仅仅在从事一项职业，更是在发展属于自己的事业，他渴望通过砌墙工作逐步实现自己构建美好家园的愿景，之后的十几年里他也是这么做的，最终创立了属于自己的房产企业。

☞ 事业，意味着信念

从上述案例之中，可以明显感受到职业心态和事业心态的不同之处，虽然三人都在砌墙，即所从事的工作内容完全一致，但怀有职业心态的工人在砌墙时想到的却是一栋漂亮的别墅，他会自然而然思索：如何工作，才能让这栋别墅更结实、耐用、漂亮？这种发自内心的需求和渴求，成为推动他不断提升自己以及学习各种知识和技能的动力。

怀有事业心态的工人则更进一步，他对工作的态度不再停留于学习和负责，而是提升到了热爱的程度。他渴望在这个领域成就一番事业，这是一种坚定的信念，也促使他向更加长远的方向展望，虽然依旧会渴求建好漂亮的别墅，但也渴望更进一步，想为整个建筑领域做出力所能及的贡献。

第三位工人用自己强烈的事业心态，激发了自己的工作热情，坚定了成就一番事业的信念。他渴望通过自己的努力改变建筑领域，所以才能在短短十几年时间里完成蜕变升华。这种坚定的信念使他即便在职业生涯中遭遇困境、危机，也依旧能热情四射，不断自我激励，从而焕发出无尽的职业动力，最终创立属于自己的房产企业。

1996 年，老李投资成立了一家汽车公司。其实早在数年前，他就渴望实现自己的造车愿景，但是在当时的社会背景下，汽车行业尚未对民营企业开放，所以他决定迂回拼搏，先是成立了摩托车生产企业，直到后来汽车行业开放，才正式踏足汽车行业。

可是，刚刚踏足汽车生产行业的他，根本不懂怎么造车，遇到的困难和问题也是层出不穷，但这些困难和问题并未消磨掉老李渴望造汽车的热情。

刚开始造车时，老李天真地认为汽车不过就是"四个轮子加上一排沙发"，但是真正造车时他才发现需要攻克的难关数不胜数。比如，最开始只能走模仿路线，毕竟自己的公司连汽车底盘如何打造都不知道，完全是摸着石头过河，只能从市面上的汽车着手，将其拆卸、拼装，模仿其结构，通过零件打造，组装成型。

又如，最开始生产的试驾汽车虽然能跑起来，但是却异响严重，甚至下雨时还无法确保车内密封防雨。为了去除异响，密封防雨，老李的公司可谓耗费了巨大的财力。

汽车刚刚开始在线下售卖时，因为产自一家名不见经传的民营汽车企业，仪式和庆祝会根本就没人靠近，再加上民企汽车生产权刚刚开放，大部分人一度以为这家汽车公司属于"私自造车"。

不过，这些困境并未打垮老李，他一直咬紧牙关坚持造车事业。在这样的心态下，这家汽车公司闯过了一道道难关，终于在几年后，成功在轿车生产行业站稳了脚跟。

为了在竞争激烈的汽车市场占据一席之地，老李成为首个"吃螃蟹的人"，以低廉的价格打破了当时轿车售价居高不下的死局，并提出了"造百姓买得起的好车"的口号。

在从未消逝的强烈事业心的推动下，老李带领自己的公司一步步走出了独属于自己的发展道路，并在获得轿车生产资格后，很快又造出了国产跑车。在后续的时间里，他更是一步步将公司不断发展壮大并走上了自主研发的道路。

没有坚定的事业心，在遇到看似无法解决的危机和困难时，必然心生胆怯；但当有坚定的事业心作为支撑时，我们则能拥有无限的信念感，激发无限的热情和潜能。

☞ 事业，意味着奉献

事业心态会让个体拥有坚定的拼搏信念，这种信念能支撑个体不断前行，并激发不断奋斗的热情和动力。同时，事业心态还意味着奉献，这种奉献一方面体现在个人层面，另一方面则体现在社会层面。

对于个人而言，追求自己的事业不仅会为你提供源源不断的热情和拼搏动力，还会让你感觉到自己正在不断实现人生价值，这种人生价值并不以获得经济财富的形式呈现，而是以获得幸福感、满足感、成就感的形式呈现。

对于社会而言，个体追求自己的事业同样会为社会做出巨大的贡献，因为所有的事业都是基于社会发展所形成的具有一定规模和目标的系统性活动。

事业是个人理想、梦想、使命的集合体，如果个体将职业和事业融为一体，那么在整个追求事业的过程中，他不仅会感到快乐、有所成就，而且即便遇到困境也不会轻言放弃。

当然，有些人的职业和追求的事业不一定能完全契合，事业意味着奉献，这并不是说让你抛弃职业仅仅去追求事业，毕竟职业在多数情况下是我们生活的基本来源，当事业无法成为生活来源时，我们就必须依托职业来支撑。比如，你所追求的事业是推动音乐艺术发展，但音乐艺术很多时候并不能直接为你带来生活来源，所以你就需要从事一些其他职业，以支撑自己追求的事业。

遇到这样的情况时，你可以在职业发展道路上挖掘事业与职业间的相接、相融、相关联之处，可以将职业当作事业去追求，以奉献的态度去感受和前进。这时，你会发现，在你真正开始奉献、真正渴望追寻理想的过程中，名利会在恰当的时间主动前来。

事业心态，也是职业心态的升华。如果你能将工作提升到事业的层面去孜孜追求，或者将工作看作实现事业应做的铺垫时，你就会感受到无尽的热情和渴望，从而真正成为职业生涯的主人。

人生需求：挖掘拼搏动机

你是否曾想过，到底为什么而工作？对于这一问题，不同的人可能会有不同的答案。比如，有人要挣钱买房；有人渴望和同事沟通交流；有人期望提升到更高的职位；有人希望自己获得属于自己的成就；有人喜欢这份工作，希望通过工作获得情感的满足。

同一个人在不同的人生阶段，对于这个问题的答案也可能会有所不同。比如，有人在某一阶段需要实际的物质奖励，那么答案就会偏重薪酬和福利；有人在某一阶段渴望拥有更高的声望，那么答案就可能是升职、自我实现、得到尊重等。

不同的答案，其实体现的就是你的人生需求，也是你职业发展源源不断的动力所在。毕竟，有了需求，才会渴望获得，也才会不断去拼搏和努力。

"民以食为天。"获取食物、填饱肚子，本身就是人最基本的需求，中国作为农耕文明悠久的农业大国，精耕细作、放牧打柴以便丰衣足食的劳动观念传承千年，中国也因此开发了无数的美食，成了名副其实的美食之国。

职业领域同样如此，每个人工作的动机源自内心深处的不同需求，人们之所以会选择不同的工作，就是为了满足不同的需求。人的需求非常多样，且这些需求也有其层次和结构，比如，只有满足食物需求，人才有足够的精力、健康的身体，进而去追求其他需求。

☞ 人的八大需求层次

1943 年，美国社会心理学家亚伯拉罕·马斯洛提出人类需要动力去实现某些需要、有些需求会优先于其他需求的理论，该理论也被称为马斯洛需求层次理论。

最初，马斯洛提出的需求层次只有五阶，其中最低的需求层次为生理需求，往上依次为安全需求、爱与归属需求、尊重需求和自我实现需求。后来，随着社会的发展以及研究的深入，需求层次被扩展到八阶，从低到高分别是生理需求、安全需求、爱与归属需求、尊重需求、认知需求、审美需求、自我实现需求和超越需求。

其中，生理需求是人维系自身生存的基本要求，主要包括最基本的呼吸、饮食、休息等。如果这些需求无法被满足，个体的生理机能就会出现问题，甚至无法正常运转。

可以说，处于最低层次的生理需求必须得到满足，否则人类就无法生存。从这个角度看，生理需求其实就是人最首要也最基础的追求动力。

安全需求是在生理需求得到相对满足后产生的需要，主要包括身体安全层面的需求、自身资源的安全、家庭的安全、工作的保障、财产和住所的安全等。其实从远古时期，人类祖先寻找各种自然形成的山洞、树巢作为住所，甚至克服恐惧心理学习掌控火源，本质上所追求的就是安全需求：有了住所，就能遮风挡雨、躲避寒冷；掌控火源，则不仅能取暖，而且能在一定程度上警示野兽，减少野兽的侵扰，从而让自己的生活更加安全。

通常情况下，生理需求和安全需求属于绝大多数人工作的基本动机，即通过工作获取物质报酬，以便满足最基本的生存需要——生理需求和安全需求。

比如，大多数人工作的首要目的是获得合理的报酬，同时最好有一定的工作空间、独立的住房、各种保险等，所求不过是更加安稳地生活。

这也是绝大多数人"先就业再择业"心态的本源。

爱与归属需求是一种情感层面的需求，即人对于得到他人的关心、照顾、爱、认同等的需求。在职业生涯中，个体不论处于哪个工作岗位，都会有融入团队、与同事融洽共处的需求，这其实就是爱与归属的需求。

一个人如果在进入企业后处处被排挤，也无法真正参与各种活动，久而久之就会丧失归属感，对企业的感受也会越来越负面，工作肯定不会长久。

尊重需求可以分为内部尊重和外部尊重两方面：内部尊重是个人内在层面对自己的尊重，也就是个体的自尊心，个体渴望在不同环境、氛围中独立自主、充满信心；外部尊重则是外界对个体的尊重，包括个体在他人面前拥有威信，得到他人的信赖和良好评价等。

尊重需求是个体对于拥有足够信心、获得成就、得到他人认可、获取社会承认的渴求，也是使个体获得自信并对社会充满热情、积极体现自身价值的需求层级。在职业生涯中，个体都希望自己的工作成绩能获得认可，这样就能得到企业乃至社会的尊重，从而获得尊重需求的满足。

认知需求是一种满足探索心理的渴望，比如，我们在学生生涯中学习各种知识内容，有时就会渴求了解知识背后的规律和逻辑。我们进入职业生涯开始工作时同样如此，通常会在工作过程中希望了解事件的来龙去脉，清楚获知为什么要这么做、为什么采用这样的方法，等等。

做事寻根究底，渴望将事情做得更好，就是受到了认知需求的影响。只有借助认知需求的推动，我们才会更深刻地了解工作的性质和特点，从而清晰地洞察自己的职业定位和职业渴求。

审美需求是人类社会在发展过程中逐渐形成的一种对美的渴求，不仅包括对自我外在美的渴求（如新衣服、新形象、漂亮妆容等表层需求），还包括得到他人赞美和欣赏的渴求（如完成工作之后他人对成果的认可）。

自我实现需求则更进一步，是个体渴望挖掘自身潜力，实现自我目标、理想抱负，获得自我证实和自我成就的需求。任何人都有自己渴望展现的状态，亦即自我实现的需求，这就是推动个体逐渐向目标前行和努力的动力。

超越需求则属于遵循事物发展和自然规律做事的需求，往往出现在前面的多阶层需求都已经获得满足，个体在精神层面开始与自然、社会整体相融合，追寻一种自然而然的状态，却又能不断得到正面情绪和感悟的过程之中。在职业生涯中，超越需求更近似于职业发展与自我价值的实现和社会的发展完全吻合的状态。

☞ 挖掘职业领域的人生需求

马斯洛需求层次理论中的八个阶层的需求，不仅有高低之分，还有顺序。人们通常在第一阶层的需求得到满足后，才会努力满足更高阶层的需求，这种渴望满足更高阶层需求的追求，往往会成为个体不断前行的动力。而且，当某阶层的需求得到满足后，这种需求就不会再成为激励的力量。

当然，按阶层高低和一般顺序去追求需求满足的方式并非绝对，也可能会有例外出现，有时候某个阶层的需求在个体心目中会远远超过高阶层的需求，这时个体就会将这种需求逐渐升华为使命或理想，从而将它转变为不断提供前进动力的需求。

比如，有些人的审美需求远远超过其他需求，并且渴望在艺术领域不断发展和提升，最终成为艺术家或发明家；有些人的认知需求远远超过其他需求，那么他们就会在某一领域不断深挖，渴望不断强化对于这一领域的认知，这类人可能会成为某一领域的科学家。

在某一个阶段，个体可能会同时有多种需求，比如，在校期间，学生会在学习知识、满足认知需求的同时，还有尊重需求和自我实现的需求。当然，个体无论处在哪个阶段，有多少种需求，通常都会有某种需求占据主导地位或支配地位，依旧以学生为例，尊重需求和自我实现需求的确重要，但占据主导地位的却是认知需求。

通常情况下需求是有阶层区分的，但当个体追求高阶层需求时，低于这个需求层级的其他需求并不会消失，而是会相互依赖、重叠，只不过低阶层需求此时对个体的行为、目标和心态的影响程度会变小。

这八个阶层的需求中，前四个属于较为低阶的基本需求。其中，前两个是每个人赖以生存的基本需求；爱与归属需求、尊重需求则是心理层面的基本需求，是人类社会群体形成之后的基本心理需求，通常是由每个人生理或心理上的某些渴望激发出来的。

后四个需求属于高阶的需求，也被称为成长需求。通常在基本需求都得以满足的情况下，个体就会逐步寻求高阶的需求，从而使基本需求和成长需求彼此交互作用，影响和引导个体的行为、目标选择。

在职业生涯中，想要获得长久拼搏的动力，就需要探索在职业领域的具体需求，并将其化为职业目标和职业理想，这样才能让自己的职业生涯充满热情和动力。

比如，你可以通过以下问题来挖掘出自己在职业领域的需求：你如今的薪酬和你期望的薪酬分别是多少？你如今的职位和你理想中的职级相差多少？你的能力和人脉能支撑你升任理想中的职级吗？你在职场中能否获得较高的成就感和满意度？你当前的需求都有哪些？你罗列的所有需求中，哪些需求最重要？你需要在哪些职业领域具备哪些职业素质，才能实现这些重要需求？

在归纳完后，你可以将挖掘出的职业需求总结为属于自己的职业目标，并以此为方向，推动自己在职业生涯中更精准地把舵、更平稳地行向更远。

观念排序：倾听职业心声

盘点自己的人生需求，你会发现每一个阶层的需求都包含着无穷的渴望。职业生涯同样如此，当你开启职业生涯后，你会逐渐在职业领域产生各种各样的需求与渴望。

但是，人生短短几十载，这些需求往往难以全部实现。因此，进入职业生涯的你需要寻找到对自己最重要的事，倾听自己的职业心声，这样才能在有限的时间里得到最大的收获。

那么，在你的职业生涯中，到底哪些事才是对你最重要的呢？对于这个问题，不同的人会有不同的答案，而独属于你自己的答案，其实就是你的职业心声，它的诞生就源自你的职业价值观念。

职业价值观念是在你的职业生涯中逐步形成的与工作和追求相关的职业目标与职业理念，以及为满足人生需求和职业需求而不懈追求的工作属性。

职业价值观是个人价值观中的一部分，其根基就是人对工作、职业，以及工作行为的作用、效果、重要性等做出的评价，最终这份评价会促使个体做出各种职业领域的决定或选择。

价值观会让人的行为具有稳定性，也会让人在行事过程中拥有自己的底线、信念和追求，职业价值观同样如此。当你形成属于自己的职业价值观后，它就会在你的职业生涯中起到重要的作用，因为职业价值观决定了你内心最渴望满足的职业需求。

☞ 盘点常见的职业价值观

职业价值观的划分方式有很多种，因此按照某种方式划分的职业价值观不一定和个体的职业价值观全然契合，通常个体的职业价值观是很多种职业价值观的融合体或交叉体。

下面主要介绍一些常见的职业价值观。

第一，稳定且安全的职业价值观。在这种观念的影响下，个体更希望找到安稳且有保障的工作，不需要担心因为社会环境变化、领导变更、行业发展等引发的职业危机。这种职业价值观主要是求稳，所以对自身能力的追求、对行业的前途和未来等的要求都不高。

第二，对经济地位和财富较为看重的职业价值观。通俗理解，持有这种观念的个体渴望拥有工资待遇高、福利好的职业身份，希望通过自己的努力、自己的能力获得更多的报酬，以便过上更加富足的生活。这种职业价值观主要是求财，为了匹配对应的待遇，个体通常需要不断提高自己的职业能力。

第三，对工作环境、工作强度较为看重的职业价值观。持有这种观念的个体期望工作环境轻松舒适，他们会将工作和职业当作一种享受、消遣。这种职业价值观主要是求舒心，所以相关人群对报酬、职业发展潜力等不会过于看重。

第四，渴求人际关系顺畅的职业价值观。拥有此类职业价值观的个体通常非常善于社交，而且渴望交到更多朋友，所以希望与工作中的同事、领导等能自然且愉悦地相处。需要注意的是，这种渴求人际关系顺畅的职业价值观并不是为了扩充职场人脉，而是发自内心地渴望结交真心朋友，沉浸在良好关系氛围之中。

第五，对自身能力发挥、性格展示极为重视的职业价值观。拥有此类价值观的个体通常期望在工作中充分发挥自己的主观能动性，按照自己的方式和方法去完成工作，少受其他因素的干扰。这种职业价值观主要是求自主和求独立，对个体的专业能力和统筹能力要求较高。

第六，对探索新事物、智力开发、思考等较为看重的职业价值观。有此类价值观的个体渴望在工作中不断学习新东西，开发自身的智力，提高智慧水平并不断解决新问题，渴望挑战和深入研究。

第七，对自身社会地位、他人认可度较为看重的职业价值观。拥有此类价值观的个体渴望自己的职业在社会组织中拥有较高地位，得到他人的尊重与瞩目。

第八，对管理权、控制权较为看重的职业价值观。拥有此类价值观的个体希望能协调团队、管理团队，指挥和调遣一定范围内的人员，期望职业领域的事和人能保持在掌控之中。

第九，对美感、美的事物较为看重的职业价值观，属于审美主义领域。拥有此类价值观的个体在工作过程中渴望寻找美、发现美、创造美，并通过美的展现来呈现艺术之美。

第十，对创意和新意不断追求的职业价值观。拥有此类价值观的个体期望自己的工作内容能不断变换，从而让自己不断接受挑战，获取新意，同时让自己的工作和生活更具新鲜感，度过一个精彩的职业生涯。

第十一，对社会贡献较为看重的职业价值观。拥有此类价值观的个体期望自己能在工作过程中不断满足社会的需求，为社会做贡献，渴望为大众服务。

☞ 排序找出你的职业价值观

职业价值观是个体内心形成的一种观念，所以和个体的特点密切相关，又因为个体的身体条件、家庭背景、人生阅历、受教育情况、兴趣爱好、能力特征等各有不同，所以他们对职业的主观评价也往往会有很大不同。

比如，身体素质较好的个体对于需要耗费体力的职业，主观评价会偏向于适合；而身体条件不好的个体对于需要耗费体力的职业，主观评价必然是不适合。

客观来说，不同的职业在待遇、工作强度、工作难度、成就感获取、工作内容、稳定性等各方面本身就有所不同，同一个体对不同职业的评价自然就存在差异性。又因为不同的人在不同的生活环境中和成长过程中所形成的思维观念不同，所以不同的个体对同一职业的认知、感受也可能天差地别。

这其实就涉及个体对职业的主观评价。主观评价的最终结果，即个体形成的对职业重要度、喜爱度、渴求度的不同看法，就属于不同的职业价值观，最终会影响个体对职业领域的选择、对发展方向的定位、对职业目标的设立。

当进入职业生涯后，不论向哪个职业方向发展，个体最终都会受到职业价值观的影响。这是因为职业价值观决定了个体对职业的主观感受，比如，哪些职业是你认为最重要的，哪些职业是需要优先考虑的，哪些职业是最适合你的。你从事某个职业的目的，以及你所追求的职业成果，都取决于你的职业价值观。

一份工作如果轻松舒适，那么它对应的薪酬通常就会较低；而想要高薪酬，那么工作肯定忙碌又有压力。是想要成就一番事业，获得他人的认可和尊重，还是想要获得自由自在的职业感受，这种有一定矛盾冲突的选择，其决定因素就是个体的职业价值观。

　　个体想要明确自己的职业价值观，倾听自己的职业心声，就需要根据影响职业价值观的关键因素进行总结。通常情况下，影响职业价值观的因素主要包括发展、声望和生活。

　　发展因素通常与个体自身的发展相关，包括兴趣爱好、职业机会、挑战性、才能发挥、工作培训、工作自主性、工作发展空间等，更偏向于个体未来的发展和提升。

　　声望因素通常与社会地位有关，包括企业知名度、企业权力范围、企业社会地位，以及自身职业声望、社会认可度、他人尊重程度等，更偏向于个体在社会发展中的重要程度。

　　生活因素通常与个体的生活领域相关，如薪酬待遇较高、福利待遇较好、工作环境舒适自由、职业发展稳定、生活和交通便利、工作压力适中等。

　　在倾听自己的职业心声时，个体可以根据这三个方面的因素进行观念排序，将对自己更加重要的项目提取出来，最终就能融合成为属于自己的职业价值观。因为职业价值观和个体的心理维度息息相关，所以个体需要根据不同因素（包括其中的各个小项）对自己的重要度和作用进行排序，从而呈现属于自己的职业价值观。

　　比如，个体如果认为发展因素最重要，且其中的兴趣爱好、才能发挥、工作发展空间较为重要，那么他的职业价值观就更倾向于求自主、求独立的个人发展方向。

　　当明确了职业价值观后，个体就能更加清晰地了解到自己在工作、生活中最渴求的内容、最重要的内容，在构建职业生涯、规划职业路径时，就会拥有更加清晰的职业目标和职业方向。

人生使命：寻找职业价值

从个人发展角度来看，每个人诞生在世界上都与众不同，也都担负着属于自己的人生使命，这就是我们每个人存在的根本价值。

可以说，人生使命是我们每个人一生中应该或必须完成的任务，这是每个人的人生目标和人生方向，可谓是人生道路的明灯。当找到自己的人生使命后，个体就会拥有源源不断的动力，从而可以坚持不懈、充满激情地完成自己的使命。同时，个体在追寻人生使命的过程中，也会不断享受披荆斩棘的成就感和愉悦感。

☞ 人生使命的伟大

人生在世，生存只是最基本、最本能的需求，想要自己的人生更加精彩，就需要拥有一个有价值的人生使命。这需要个体不断挖掘自己存在的意义，明晰自己在各个领域尤其是职业领域的目的和使命。

个体如果没有挖掘出自己的人生使命，那么就很容易受到各种外界因素的诱惑，从而不断转移目标，甚至所追求的也全部都是基本的物质财富。而求名、求利都属于极为外在和浅显的目标，多数是受到外界因素侵蚀之后形成的表层渴求。

真正的人生使命通常和这些内容没有联系，而是一种源自内心深处的伟大事业。当明晰自己的人生使命后，个体就会为了这份使命担负起相应的责任，甚至在追寻使命的过程中丝毫不会畏惧各种艰难困苦，只为成功实现这个人生使命。

被誉为"杂交水稻之父"的袁隆平院士，一生致力杂交水稻事业，获得无数奖项，其中有十多项都是国际大奖。正是因为他的研究，我国的粮食产业才得到了极大的提升。

袁隆平院士之所以在数十年中一直在杂交水稻领域不断深耕，就是因为他所确定的人生使命——让所有人远离饥饿。那么，他的这一伟大人生使命，到底是如何诞生的呢？

1962年春天，袁隆平带着自己的30多位学生前往农村参加生产劳动。正值困难期，家家缺粮少饭，在下雨的某天，他发现自己的房东冒雨从另一个地方换回一担稻种，后来，房东说这是高坡敞阳田所产的稻种，谷粒饱满，产量高，去年他就是用的这种稻种，产量确实提高了很多。

袁隆平听后深受启发：稻种好，就能提高产量，甚至克服自然环境中的不利因素，这对战胜饥饿意义太重大了。于是，他的人生使命种子正式生根发芽——在农业科研领域做出成绩，改良粮食品种，为人类培育出高产量的好种子。

当这一人生使命完全明确后，袁隆平院士在教好课的同时，将自己毕生的精力都投入农业科技领域，研究杂交水稻种子，开创了中国杂交水稻事业！

虽然每个人找到自己人生使命的方式、节点都不尽相同，但真正想要找到自己的人生使命，个体就必须不断探索。只有专注于眼前的职业，并不断探寻这个职业能为自己、为社会、为未来带来什么成就的时候，你的人生使命才可能悄然浮现。

☞ 明确使命，寻找职业价值

每个人来到世上，都拥有属于自己的人生使命，只不过有些人能很快找到并明确自己的人生使命；有些人则需要一步步寻找、探索，最终才能发现。

那些真正能找到和明确自身人生使命的人，其实都遵循了内心的想法。从职业生涯角度来说，人生使命通常有两种寻找方式：一种是靠自己发现，另一种则是靠自己创造。

靠自己发现的人生使命通常与社会发展环境息息相关，也与个体的愿景、渴望、眼界紧密相联，就像前文提到的袁隆平萌生的人生使命一样，是在特定的社会背景下被挖掘和发现的。

靠自己创造的人生使命，则是因时顺势，由个体根据自身的认知和感受总结出来的。当然，这种创造也遵循了内心的声音和方向，只不过需要结合时代的特征和趋势。

20 世纪 80 年代改革开放大潮中，有一大批人"下海经商"，个体的勇气和现实的影响、时代趋势的推动，使这些人实现了属于他们的人生价值。

那么，我们该如何厘清自己的人生使命，寻找到属于自己的职业价值呢？对此，你可以依靠以下几个步骤来挖掘、寻找乃至创造。

第一步，要发自内心地去思考，是否有一些事情是自己非常渴望做到的，甚至想到这些事就会充满热情、兴奋异常。如果能挖掘出这样的事，请详细记录下来以备后续筛选。

当然，有些时候你内心渴望做到的事并不那么明显，甚至你可能根本无法思考出一个明确的答案，这时你完全可以按照不同层级，从多个角度挖掘内心的渴求。从微观层面来看，可以从家庭角度出发，将个人的渴求与家庭的发展联系起来，也许你就能找到渴望做的事；从宏观层面来看，可以从国家兴衰、社会发展角度出发，将个人的渴求与这些内容联系起来，你会发现原来有很多事需要你去完成。

第二步，你可以回想过往的人生经历中有哪些事在由你完成之后让你非常享受，或者是能够得到他人的认可与真诚的赞美。这些事就可能与你的人生使命有所关联。

你可以根据这些经历过的事情，归纳和总结出内心渴求获得的成就，并延伸出自己未来渴望去完成的事。同样，你需要将这些事件详细罗列出来。

第三步，你需要通过对未来的想象，来确定自己渴望对世界产生的影响以及对社会做出的贡献。这需要采用三段想象。

首先，想象一下你刚刚退休，或者已经不得不结束职业生涯时，你在职业生涯中做出了哪些令自己骄傲的事？同时，你在整个职业生涯中又影响、帮助、改变了哪些人？你的前同事、朋友、家人对你的评价如何？退休之后到底还有多少人能记得你？

其次，想象一下你总结一生，扪心自问：这一生中你最骄傲的事到底是什么？你一生中最大的成就又是哪些？你的离去会影响多少人？又有多少人会怀念你？

最后，想象一下离世之后数十年，是否还有人记得你？你是否为世界留下了足以让你的名字留在世间的成就？这些记得你的人又是如何评价你，如何看待你对世界的贡献的？

通过这样的想象过程，相信你内心感受到的人生使命会越来越清晰，这时的你，在人生使命的引导下，也会感受到整个职业生涯应该追求的职业价值，当它足够清晰后，你就需要将其树立为方向和目标，并对自己的职业未来担负起责任！

第五章
职业人生·走上职业路径

找准出路：职业兴趣

兴趣是人类在成长过程中表现出来的对某些事物的喜好、关注情绪，其不仅能使人产生对事物的关注，还是让人借以获得对应知识、成果，参与深度探究的契机。

职业兴趣是兴趣在职业领域的表现，是个体在某个职业方向所表现出的喜好和关注。职业兴趣能为个体提供动力，从而推动个体在感兴趣的职业领域积极探索。

职业兴趣对个体的职业发展至关重要。

首先，职业兴趣引导个体对未来的工作和职业活动做出准备。俗话说，"兴趣是最好的老师"。只要对某个职业领域或职业方向拥有极高的兴趣，个体就有足够的动力主动去学习和研究相关的知识，形成对应的内驱力。

比如，个体对计算机软件编程拥有浓厚的兴趣，即便目前自己欠缺相应的知识基础，也会主动去学习对应的知识，并研究各种软件开发的技术，为未来从事与计算机软件开发相关的工作做好准备。

其次，职业兴趣为个体的某些职业活动提供助力，可以让个体拥有浓厚的情感，去集中精力从事对应的活动，甚至会促使个体创造性地从事活动，以便取得更加丰硕的成果。

任何科学探索都有一个极为枯燥的漫长过程，需要不断失败、总结、重新探索，这个过程的延续，需要以极为浓厚的兴趣作为心理支撑，否则研究者就很容易在不断失败的打击中郁郁寡欢。

最后，职业兴趣促使个体创造性地对待职业。兴趣会让个体对职业活动进行深入钻研，并做出创造性的尝试。当对某个职业活动有浓厚兴趣时，个体就会进行自主研究、创造性思考。

也就是说，职业兴趣是个体对职业加以深入认识和研究的动力，在这个过程中，个体会自然而然地学习对应的知识，从而使自己的眼界得到拓宽，对职业产生热情和信念感。

☞ 基本的六种职业兴趣类型

职业兴趣会在很大程度上影响个体对职业的选择，进而影响个体的职业生涯发展。美国心理学教授、职业指导专家约翰·霍兰德在 1959 年提出了具有广泛社会影响的人业互择理论，将职业个体划分为 6 种职业兴趣基本类型。

6 种职业兴趣类型分别是传统型（也称常规型，conventional，简称 C）、现实型（realistic，简称 R）、研究型（investigative，简称 I）、艺术型（artistic，简称 A）、社会型（social，简称 S）、事业型（enterprising，简称 E）。

如图 5-1 所示，这 6 种职业兴趣类型组成了一个正六边形，每一种职业兴趣占据六边形的一角，不同的职业兴趣相互之间还有一定的关系，比如，相邻的职业兴趣相关度会更高，相对的职业兴趣相关度则会较低。

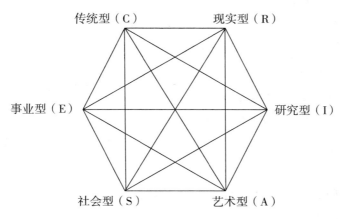

图 5-1 6 种职业兴趣基本类型

个体通常会表现得更加倾向于某一种职业兴趣类型，或者位于相邻两种职业兴趣之间，通过分析所倾向的职业兴趣类型，就能大体了解自己的职业特征。

第一种，传统型的职业兴趣类型。其最突出的特征是毅力强且善于坚持，工作时更习惯遵循规则、计划，有条不紊并按部就班地行事，工作认真负责，但过于谨慎、保守，不太善于从事非正规、非程序化的工作，同时习惯服从传统，即便工作机械重复也不会丧失耐心。

传统型职业兴趣所匹配的职业领域，主要包括办公室相关工作、财务相关工作、文员秘书相关工作；而所对应的职业环境，通常较为传统，且规则性明显。

第二种，现实型的职业兴趣类型。其最突出的特征是执行力强，工作时满腔热血，积极主动，非常注重实际效果，技术一流，善于从事各种操作性工作，不过在人际交往领域可能相对薄弱。

现实型职业兴趣所匹配的职业领域，主要包括需要各种熟练操作技巧的职业，如与生产技术、机械加工、手工艺、动物管理相关的工作，具有较强的实践操作性；所对应的职业身份通常重视技术性和实践性，需要解决具体的问题。

第三种，研究型的职业兴趣类型。其最突出的特征是善于思考，工作时习惯理性处理问题，分析能力一流，而且喜欢对问题深入研究，有非常明显的科学倾向，更善于独自工作。这一类型的个体拥有极强的好奇心和探索欲，希望能够掌握足够的资料，以支持自身做出各种决定，而且渴望发现新东西。虽然他们同样在人际交往领域能力较差，但主要表现为厌恶劝说，在与善于思考的人交际时，仍能非常顺畅地沟通交流。

研究型职业兴趣所匹配的职业领域，主要包括情报和数据处理领域、医学领域等各种科学研究领域；所对应的职业身份需要具有缜密的思维和较高的智力，强调理性分析和研究。

　　第四种，艺术型的职业兴趣类型。其最突出的特征是善于想象和创造，工作时习惯发现美、感受美、创造美，不喜欢各种约束，重视各种自我感觉，因此会显得较为情绪化，喜欢挑战和寻找新方法，而且思想包容性强，善于接受新鲜事物和新鲜信息，并能形成独属于自己的理解。相对而言，他们会较为缺乏理性分析能力，习惯靠直觉、感性来处理事务。

　　艺术型职业兴趣所匹配的职业领域，主要包括与艺术相关的各种职业，如舞蹈演出、文学创作、音乐创作、工艺设计、美术雕刻等；所对应的职业环境通常是没有束缚的广阔空间。

　　第五种，社会型的职业兴趣类型。其最突出的特征是善于分享，工作时习惯接触他人，沟通交流能力强，而且善于协调，性格亲和，善于团队协作，喜欢社会服务类工作，拥有较强的服务能力，但不擅长操作和运用工具。

　　社会型职业兴趣所匹配的职业领域，主要包括教育领域、医疗保健领域、社会服务领域和商品营销服务领域；所对应的职业方向是以服务为主的社会方向。

　　第六种，事业型的职业兴趣类型。其最突出的特征是善于说服和领导他人，工作时习惯并乐于领导他人，全局观强，性格乐观且积极，同时非常自信，做任何事都充满斗志，期望获得地位和权力，而且喜欢冒险。他们通常喜欢制订计划，并重视组织、团队的协调作用，具有很强的社交能力和演讲能力。当然，这种类型的人相对而言不擅长细节刻画，以及各种分析性的思维活动。

　　事业型职业兴趣所匹配的职业领域，主要包括企业管理领域、财务管理领域、组织策划领域等；所对应的职业身份，主要是需要说服力、领导协调能力，同时需要制订缜密计划、改善经营环境的角色。

　　这6种基本职业兴趣类型完全可以辅助个体寻找和选择职业领域，当个体的职业领域、职业兴趣类型与职业环境、职业身份相匹配时，个体就会有一种游刃有余的感觉，更能发挥自己的才华和能力。

☞ 寻找你的职业兴趣

通常情况下，职业兴趣与个体的生活兴趣会有一定的关系，或者可以说，职业兴趣是从生活兴趣逐渐发展而来的，因此想要寻找到属于你的职业兴趣，可以从生活入手。

在生活中，我们时不时会遇到一些有趣的事情，如果这些事不仅让亲身参与的我们从中感到有乐趣，还逐渐与我们的目标或追求方向有了交集，那么它们就会变成最终的志趣，此时的志趣就是具有方向性和追求性的兴趣。

从这个角度来看，兴趣可以由生活中简单又有趣的事发展而成。所以，我们可以在生活中寻找一些自己感兴趣的内容，然后再将其转换到工作之中，发展为职业兴趣。

比如，你可以思考自己在生活中会将时间花费到哪些事上，这些事件中哪些最让你感到轻松愉悦又乐趣无限？其中哪些还能激发你的潜力？你是否会为了获得更多乐趣，针对性地学习与对应事件相关的知识？

你可以通过列表的方式呈现这些内容，之后再将这些事件按前后顺序排列。当然，此时的内容只是生活领域的事件，看起来与职业没有关联，这时，你就需要深入剖析，寻找生活事件和职业领域相关联的地方，将感兴趣的生活事件延伸至职业领域。

比如，你在日常生活中非常喜欢看影视剧，可能会感觉这种兴趣与职业没什么关联，但其实喜欢看影视剧与职业领域之间的关联不仅包括演员、编剧、导演、策划等，还涉及非常广泛的相关职业领域。

简单来说，如果你喜欢看影视剧，观看过的影视剧数量庞大、种类丰富，还喜欢看完影视剧后对其进行评论，或习惯性分析影视剧的剧情特性、人物演技、剧本背后的逻辑等，那么你就可能适合做一个影评人；如果你观看影视剧时，更加关注其中的场景，包括整个场景的设计、用材、灯光的搭配和氛围的营造，那么相关职业就可能是室内设计师或舞台布景师；如果你更喜欢分析各种场景的搭建形式，善于展开整体布局分析，那么你就可以做建筑工程师；如果你习惯分析演员的妆容、服饰等，则可以尝试成为服装设计师和美容师；如果你更习惯分析其中的音乐，品评曲调、歌词等，则可以尝试向音乐艺术领域发展。

从中可以看出，生活兴趣和职业兴趣其实有很大的关联。有时你从感兴趣的生活习惯中好像挖掘不出自己的职业兴趣，但别着急，你还是可以一点一点去剖析。

依旧以喜爱看影视剧为例，你可以问一问自己，到底什么样的影视剧最吸引你，看完这些影视剧你会得到什么。如果依旧没有太清晰的答案，则可以继续细化。你是渴求影视剧中的故事刺激，还是受到了影视剧中人物情感的吸引，抑或是喜欢通过不同题材作品感受生活的丰富性……然后根据这些细化后的内容，再延伸挖掘属于你的职业兴趣。

当然，你或许无法从生活兴趣中挖掘出自己的职业兴趣，甚至在生活中感受不到什么兴趣，这时你就需要尝试培养自己的兴趣，可以按照以下三个步骤进行培养。

首先，从自己的好奇心着手，让自己对某件事产生浓厚的好奇心，最简单的方式就是问一下自己"为什么"。比如，当看到某款电脑游戏很好玩，你可以挖掘一下：为什么它好玩？这些好玩的东西到底是怎么设计的？通过简单的挖掘，你会逐渐对事物形成具体的好奇，从而挖掘其中的秘密，这样更容易形成兴趣。

其次，无论是生活兴趣还是职业兴趣，通常都会和你的情感、认知有关，也就是说，如果你对某个事物没有丝毫认知，根本没有形成具体的情感，那么你就无法对这个事物产生兴趣。对事物认识越深，相关的情感也就越浓厚和复杂，也就越容易形成兴趣。

基于此，你需要借助自己的好奇心，不断学习各种知识，形成对各种事物的认知，认识得越深刻，认知得越清晰，情感就会越专注，同时兴趣度也会越深。

最后，就是要坚持下去。对于任何事物，个体只要拥有好奇心并逐渐学习形成基本认知后，就会逐渐产生兴趣，但如果在中途停止了对这些事物的探索和学习，那么整个过程就会变成无用功，根本没有形成习惯，这样也就无法形成真正的兴趣。

需要注意的是，在培养兴趣时，坚持下去、不断学习、持续加强好奇心，最主要的目的是激发出你对这些事物的研究渴求。当你开始坚持不懈地研究一个事物，相信你对这个事物的认知就会不断加强，在遇到问题和困境时，你也会鼓起勇气去解决问题，甚至能在不断解决问题的过程中获得成就感和满足感。

人生战略：职业定位

如果说挖掘自己的职业兴趣，是为了寻找一个最适合自身发展的出路，那么想要在这条路上走得顺畅、走得长久，并获得属于自己的成就感和满足感，就需要明确自己的职业定位。

职业定位虽然看似只是一个职业发展的方向，但它实际上属于人生战略层面的问题，因为只有拥有清晰的职业定位，个体在职业生涯的道路上才会有清晰的方向，才会对自己所在的职业拥有深深的认同感和自豪感。

可以说，职业定位在职业生涯中就是风向标，它决定的是你能否在职业领域安身立命。只有拥有清晰的职业定位，你的职业生涯发展过程才会更加顺畅，遭遇各种问题和困境时，才不至于被迷惑、被打击，而是能尽快重整旗鼓，解决问题，坚定不移地向未来前行。

☞ 选对方向才能走上职业人生

刚刚走出校园的人可能缺乏比较清晰明确的职业定位，从而对职业领域抱有很大的困惑，不过有时这种困惑并不明显，会以一种特殊的形态出现，即我好像可以做很多工作。

这种错觉，其实就是缺乏职业定位的表现，因为职业领域的工作通常需要匹配对应的能力或知识，如果初入职场的人有了"我好像可以做这个工作""好像还可以做那个工作"的感受，最大的可能就是根本不清楚自己能做什么，以及不清楚自己到底想要什么。

甚至有时候，直到最终离开职场，一些人依旧没有真正发挥出自己的潜力、天赋，可能整个职业生涯都没有出现过如鱼得水的职业感受，最终只能将离开职场归咎于运气不好、没抓住机会等。

还有很多进入职场的人，在兴冲冲地开启职业生涯后，蹉跎了很久，却发现自己好像一直在原地转圈子，在某个职业领域发展一段时间后，重新走到原点。

学计算机编程的小井从学校毕业后，很快就进入一家软件编程企业工作，因为他在学校的专业成绩还不错，也有不少实践经验，所以很快就找到了编程的节奏，而且企业的待遇还不错。

可是一段时间之后，小井就有点受不了了，因为他生性活泼好动，可编程工作却会把他牢牢"钉"在工位上数小时之久。几个月的煎熬之后，小井实在无法继续下去，他决定找一个匹配他活泼好动性格的工作，于是便转入一家传媒公司做产品销售。

虽然产品销售与小井活泼好动的性格相匹配，但是他对传媒领域根本不了解，对公司的产品更是知之甚少，对该产品的市场状态也毫不知情，很快他就发现自己根本无法发挥性格和学识优势。更何况他毫无传媒领域的资源，做起工作来难上加难。因为无法创收，他被公司辞退了。

小井这才后知后觉：换工作之前根本就没有考虑应该向哪个方向发展，也没对相应的工作进行了解和评估，冒失进入毫不了解的领域，终被撞得头破血流。

后来，小井仔细筛选了工作范围，进入一家 IT 企业做市场营销，因为对 IT 行业的产品足够了解，他认为自己应该没有问题。可进入公司后他才发现，因为自身缺乏市场领域的相关工作经验，他根本不知道如何着手切入市场，工作开展得很艰难，同时公司也有些管理问题，经营状况很差。

一段时间后，小井又生出了离开的想法，但在朋友的劝阻下，他决定深入思考一下。毕业已经有数年时间，自己依旧没有找到适合的发展方向，也没有积累足够的行业经验。于是，他决定从职业定位入手，尝试通过咨询职业规划师来明确自己的目标。

经过专业的指导和分析后，小井了解到自己的特长和缺陷，也逐渐总结出自己的职业定位：在 IT 领域继续深造，职业方向应该确定为市场领域。但是，他在市场领域有一块巨大的欠缺，那就是各种实战经验、市场调研和策划的能力尚且不足，他需要了解市场的各个环节，并逐步积累相关经验，培养对应的能力。

小井开始沉下心，从 IT 领域市场调研、市场策划、市场分析、市场评估、营销活动实施、市场复盘等方面，一步步熟悉工作流程和所需技巧，同时逐渐拓展自己的市场人脉。经过几年的发展，他成了这家 IT 企业的顶梁柱，并有效影响了企业老板，使公司的市场经营步入正轨。

案例中的小井，在刚开启职业生涯的前期，一直在原地踏步，甚至想通过频繁跳槽来找到自己的职业方向。但是，频繁跳槽根本无法明晰职业发展方向，只有沉下心了解自己的优势、缺点、个性等，并进行客观的分析，明确职业定位，才能走上正确的职业发展道路。

☞ 职业定位决定职业未来

有一种情况在企业中极为常见：企业新进员工数人，他们处在同一个部门、同一个岗位，数年过去，有些员工可能已经成为企业的顶梁柱，有些却依旧在最初的岗位默默无闻。之所以会形成这样的差距，一个重要的因素就是每个人的职业定位不同。

有三个乞丐，分别从不同的地方迁移到一个巨大的垃圾场。

一个乞丐整日浑浑噩噩，他一直认为自己是一个没人关心的乞丐，混迹在垃圾场和闹市之间，在垃圾场随意寻找些自己所需的物资，然后到闹市乞讨维持生计。

第二个乞丐定居在垃圾场后，认为自己完全可以自力更生，至少不再需要乞讨。他开始不断在垃圾场寻找各种各样有用的东西，挑拣一些有回收价值的物品，拿去废品站售卖，他逐渐变成一个专门回收有用垃圾的打工人。

最后一个乞丐到垃圾场后发现这里好像拥有无数隐形的财富，他决定做一名真正的商人。最开始的时候，他和第二个乞丐一样，在垃圾场寻找一些有回收价值的物品去废品站售卖，但是，他在售卖废品积累原始资本的同时，还着意了解废品站的整体架构。

渐渐地，最后一个乞丐了解了废品回收之后的去向及作用，他决定进入回收商业领域。他先是借助自己积累的原始资本，在垃圾场附近盘下一块巨大的场所，然后对有用的废品予以归类，再将这些废品标价出售。

几年之后，他成了一位成功的商人，开始不断创造各种价值，也让自己的人生变得精彩。

案例之中的三个人，最初的起点都是一样的，他们都是乞丐，只是这三个人却有三个不同的自我定位。

第一个乞丐认为自己就是乞丐，于是多年过去，他依旧是一个为生存发愁的乞丐。

第二个乞丐认为自己完全可以自力更生，以自己健全的手脚迎接更好的生活，所以几年之后他成了一个职场打工人，用自己的劳动来换取报酬。

第三个乞丐则认定自己是商人，他不断向商人这一职业定位靠拢，通过不断积累、完善和提高，逐渐掌握了自己的命运，成了一名真正的商人。

可以说，起点境遇完全相同的人，之后所走的人生路之所以会不同，是因为他们对自己的定位不同，从而做出了不同的选择。人生如此，职业生涯同样如此。通常情况下，如果你在进入职业生涯后形成了明确的职业定位，那么你在未来的职业道路上就会不断向其靠拢，并逐渐走出最适合你的职业路径。

剖析职场：寻求定位

对于每个人而言，职业定位如同人生战略般重要。因此，在开启职业生涯时，我们需要剖析职场，寻找到较为明确的职业定位。通常情况下，寻求职业定位是个体对自我深入认知之后，将自我与外部职场环境进行整合的过程。有些人进入职业生涯后会自然而然找到职业定位，但如果能有计划地主动剖析，则能更简单系统地明确定位。

对于某些人而言，寻求职业定位是非常简单的，只需要满足几个条件即可：一是所做的工作是你喜欢的，二是所做的工作是你所擅长的，三是所做的工作是你认为极具价值的，四是你的职业所属行业或领域在社会中拥有持续发展的潜力和巨大的发展空间。

但是对于另外一些人而言，寻求职业定位可能非常困难。这主要是由于个体对自我的认知不够清晰明确，对社会环境和外部的职业机会认识不足，这就需要个体学会通过剖析职场寻求自己的职业定位。

☞ 职场中的八大职业锚

不同人在性格、特性、所处环境和生长环境方面有所不同，因而有不同的职业定位。但是，有些职业定位也有一定的共性，我们可以将有共性的职业定位归为一类，由此形成八大职业取向，也叫作八大"职业锚"。

职业锚这一概念是由美国心理学家埃德加·施恩提出的。他认为职业定位是个体在规划职业生涯过程中，通过认知自身特性和外界环境，逐步探索出的与职业息息相关的明晰概念。随着这个概念逐渐清晰，个体的职业定位就会形成一个外化的职业锚，其属于一个范围性的职业取向，个体会以此为中心，锚定一定范围内的职业。

有时候，个体并不知道自己的职业锚到底是什么，但是当个体需要做出极为重大的职业生涯决定或选择时，个体自身的特性、经历、感受、兴趣、天赋等就会与社会中的职业领域相融合，最终聚合为一个有明确发展方向的职业锚。

职业锚由三部分组成：一是个体在特定职业环境中获得的能力、技巧、才干，这些能力、技巧和才干是支撑个体完成工作的基础；二是个体在职业环境中所认识到的提升动机以及自我需求，这是推动个体不断成长和前行的动力；三是个体在职业环境中所认识到的价值观和态度，这需要个体将自身的价值观、态度与职业环境融合，是个体在职业领域长久发展的根基。

施恩所提出的八种职业锚，第一种是生活取向，强调生活和工作协调共存，同时工作环境和生活环境也要相互融合。这种职业锚的方向极为自由洒脱，常见于自由职业者、作家、撰稿人、音乐人等创作者。

第二种是求稳取向，强调职业的稳定与安全，这种职业锚通常重视平稳的职业环境、体面的收入、安稳的退休策略，因此对职业组织的依赖性较高，毕竟一旦组织消失，这种安稳的职业将荡然无存，常见于公务员或银行职员等。

第三种是独立取向，强调和追求职业的灵活与自由，希望能自行决定工作的方式、习惯，可以最大化发挥自己的才华与能力，生活自由度极高，职业领域不会限制个体的一些决定，常见于教育职业、咨询职业、企业研发等领域。

第四种是技术取向，强调和追求技术、职能的充分发挥和不断提升，个体最渴求的就是在工作过程中充分施展技术，锤炼专业技能，同时渴求专业技能得到更多人的认可。通常该取向的个体不喜欢组织内的全面管理岗位，常见于技术管理、职能管理、技术专家等领域。

第五种是服务取向，强调和追求的是帮助他人、改善职业环境等，个体渴求充分展示自己的核心价值，能有效促使职业环境、社会环境更加完善与完美，常见于奉献类的职业领域，如医生、护士、社会服务工作者等。

第六种是挑战取向，强调和追求的是不断挑战自我、挑战对手，个体渴望在工作过程中应对各种问题和困难，在面对"不可能"时总会有源源不断的激情，想象力丰富且不畏艰辛，追求刺激与变化，常见于职业经理人、发明家等。

第七种是管理取向，强调和追求全面管理、职业晋升，个体渴求独立管理部门或企业，一方面能整合团队能力和资源，承担更大责任，另一方面期望充分展示自己的管理能力，拥有强烈的价值提升需求，通常沟通能力、协调能力、洞察力、分析能力极强，常见于企业高管、企业总经理等。

第八种是创业取向，强调和追求的是冒险与创建企业，个体渴求通过创业来展示自己的努力，拥有很强的冒险精神，不畏惧任何障碍和困难，拥有强烈的创造欲望，常见于创业者、企业家、投资家等。

上述八种职业锚，只是八个较大的方向，不同的个体可能会偏向于不同的大方向，但也不一定会完全与某一方向一致，甚至可能会形成多取向的定位趋势，形形色色的个体职业定位随之形成。

☞ 寻找最佳的职业定位

虽然了解了八种职业锚后，我们不一定能清晰地认知到自己的职业定位到底是什么，但它们可以给予我们一个大体的方向。接下来，我们只需借用一些信息，进行系统的思考，即可通过剖析职场寻找到属于自己的最佳职业定位。

在认识职业规划时，本书曾提到了职业规划的三个组成部分，即职业方向的选择、职业目标的设定、实现职业目标的通道设计。这三个组成部分所代表的分别是职业的取向、个体的商业价值和对应的职业机会，其中有十五项要素，我们可以根据这十五项要素来收集信息，以便明确自己的职业定位。

职业的取向中包括五项要素：一是个体的性格，即性格特性决定了你适合某些职业，不适合另外的某些职业；二是个体的兴趣，你可以在职业领域去挖掘，剖析哪些工作内容会让你感受到愉悦，哪些工作内容能吸引你的注意；三是个体的需求，你可以从自己的内心深处去挖掘，自己到底渴望得到什么；四是个体的价值观，即你认为工作过程中哪些元素对你最重要；五是个体的成长目标，即你渴望成为什么样的人。

个体的商业价值也包括五项要素：一是个体的知识底蕴，你需要了解自身的知识主要集中在哪个领域、你拥有进入哪个职业领域的资格，以及你的知识系统与哪些领域有关联；二是个体的天赋，即你的与众不同之处是什么，这种与众不同不一定特别明显，需要你不断去挖掘；三是个体的技术体系，你需要了解自己擅长哪些技术，这些技术有没有发展潜力和未来；四是个体的生活经历和职业经历，你需要分析这些经历有哪些特别之处，又能给你带来哪些变化；五是个体的人际关系网，你需要明确自己的人脉资源有哪些，这些资源能为你的职业带来哪些帮助。

对应的职业机会同样包括五项要素，对应的是个体所处的外在环境：一是家庭环境，即你的家庭能给予你哪些职业领域的支持、家庭成员对你的职业有哪些期待、家庭能促进你在哪些方向提升，以及家庭的限制和影响有哪些；二是社会环境，即整个社会发展所带来的职业机会和对应的限制，这一要素主要考察的是职业领域的发展潜力和前景；三是产业环境，即你所感兴趣、渴求的职业领域所归属的产业发展如何，政策导向是否适宜，产业未来是否光明，发展趋势是否长久；四是职业环境，即你是否了解整个市场中的各种职业，哪些职业契合你的发展和努力方向；五是组织环境，也就是企业环境，这项要素需要你进入职业领域之后对企业组织进行考察，感受组织是否有你的发展机会、在组织内你的认可度是否足够、你的职场人际关系是否牢固，以及你的职业期待如何。

上述十五项要素均对应着一些本质性问题，你可以根据这些问题进行客观回答，以便形成对应的信息，再根据信息分析属于你的职业定位。当然，这十五项要素并非每一项都要进行全面处理，你可以根据自身的感受，剔除掉一些对你影响力较弱的要素，如个体天赋，如果你感觉没有特殊之处，则可不予回答。

通过回答这些本质性问题，你会获得一定的信息，将这些信息与自己的职业心声加以对应，便能得到职业定位与自己的匹配度。因为这些要素分别代表不同的系统结构，所以可以分别进行分析，然后再寻找三个系统所指代的职业领域的交集，这个交集就是属于你的职业定位。

艰难抉择：生涯决策

在进入职业生涯后，每个人都需要剖析职场，以便寻求属于自己的职业定位。需要注意的是，职业定位并非一蹴而就，也并非一成不变的，因为整个社会一直处于发展变化之中，每个人也在不断成长和变化，所以职业定位这一任务会贯穿每个人的职业生涯。

进行职业定位的过程就是一个不断选择的过程，尤其是当你在职业生涯中面临一些重要的选择时，你如果想要平稳度过这个阶段，就需要科学地进行生涯决策。生涯决策要求个体在面对多个方向的选择时能有效权衡利弊、分析未来，最终选出最适合自己的方案，以便推动职业生涯顺畅发展，并最大限度地实现自己的职业价值。

人生路上，我们一直在面对选择，生活中如此，职业生涯中同样如此。比如，早在校园时期，我们就已经开始面临抉择：高中阶段，打算报考哪类高校，决定学习哪个专业；进入高校之后，需要培养哪些能力，提升自己哪些方面的知识水平。

走出校园后，我们依旧在不断面临抉择，比如，是就业还是深造：如果深造，到底换不换专业，是否需要出国；如果就业，面对多个企业职位，该进入哪一个行业、哪一个企业、哪一个职位。所有这些都属于生涯决策的一部分。

☞ 判断你的生涯决策类型

通俗理解生涯决策，其实就是在职业生涯中恰好进入了岔路口，我们需要通过自己的分析和理解，做出更适合自己的判断，之后进行决策。因为其中会掺杂个体的情感分析和认知感受，所以不同的人在面对同样的岔路口时，所做的选择也不尽相同。当然，不同的人做生涯决策时所运用的方法也有所不同，其中有几种较为典型的决策方法。

第一种是依靠个人直觉做出决策，这种决策类型的个体非常依赖自己的直觉，因为直觉的出现通常极为迅速，所以个体在进行决策时会显得雷厉风行，尽管在信息有限的情况下，也能快速做出决策。而且，当他发现自己的决策出了问题，或者发现信息中存在错误时，他也能快速改变决策。

这种决策类型的个体因为缺乏理性的分析，所以做出的决策有时会极为片面或有所偏差；同时因为做出决策后及时发现问题还会快速改变决策，所以也容易导致决策飘忽不定。

第二种是做出决策时需要他人支持，这种决策类型的个体在做出生涯决策之前，会广泛寻求其他人的指导，征询其他人的建议，自己通常不会单独进行决策。

此决策类型的个体因为允许他人参与决策，做出决策后也会将成果进行分享，所以可以得到他人的认可；但也容易因为有他人的参与，做出的决策和某些参与者的建议完全一致，从而给人一种模仿的感觉。

而且，此决策类型的个体受到他人影响的程度，与自身和参与者的关系有关，如参与决策的他人通常包括朋友、家人、同事、合作者、领导、专业规划师、恋人等，做出决策时，有时可能家人发挥更大作用，有时则可能领导发挥更大作用。

第三种是以回避行为为主导的决策类型，这是一种常见的不果断、习惯拖延的生涯决策方式，通常是因为个体面对重大决策时会产生焦虑感，为避免自己决策错误而选择回避。

此类决策者没有明确规划职业未来的方向，甚至没有做好生涯决策的准备，也可以说是没有清晰目标、不善于思考的类型，并且不会寻求帮助，所以很容易造成生涯决策拖延乃至延误，只有当意识到不得不进行决策时，他们才会被迫做出决策。

第四种是标准的行动派，属于主动自发的决策类型，但是也正是因为太主动，所以做出决策时总会渴望尽快完成，更加看重即时性。

此类决策者在做出生涯决策时太过主动也太过急切，所以通常出现冲动决策的情况，即容易在欠缺思考、分析、判断的状态下快速决策，不够深思熟虑，生涯决策显得非常冲动。

第五种是追求理智的决策类型，决策者会习惯收集多方信息，并对信息进行逻辑性分析和判断，深思熟虑之后，还会对决策方向进行长效性评估，从而使决策更具逻辑性和正确性。

此类决策者善于冷静思考，但有时也会因过于理智而无法整合多方决策观点，缺乏冒险精神。不过，在这五种决策类型中，理智的决策类型最为稳妥，也最可靠，尤其是刚刚开启职业生涯的新人，在面对艰难的抉择时，使用理智决策手段是最具效果和最正确的方法。

下面以理智决策类型为主，简单阐述具体的操作方法。

通常，生涯决策会出现在个体已经拥有较为清晰的职业定位，但是在寻找职业方向时发现了多条职业路径，而且这些路径无法被同时选择的情况下。对此，当不清楚哪条路更具优势时，个体就可以采用下列方式助力判断。

首先，罗列出生涯决策影响自己的各种指标，通过对指标加以评分，完成最终的选择。指标可以从四个角度着手，以"得失"的形式予以呈现，其中包括个人的得失和他人的得失两大部分，个人得失又分为物质得失和精神得失两个角度，他人得失也分为物质得失和精神得失两个角度。

其次，对每个角度的细项进行评分（评分范围为 −5～5 分），个人物质得失主要包括收入、工作时间、工作难度、升迁机会、娱乐时间、健康影响、生活变化、环境安全等细项；个人精神得失主要包括成就感、社会声望、兴趣满足、自我实现、生活方式影响、知识内容等细项。

他人物质得失主要包括家庭经济状况、家人相处时间、生活条件变化等细项；他人精神得失主要包括父母状态、配偶状态、孩子状态、师长状态、同事状态等细项。

最后，对每一个细项进行评价，根据细项对你的重要度和迫切度，适当进行加分，最高加 5 分。之后，将每个细项的得分进行统筹，得出最客观的分数。不同的决策会有不同的得分，最终决策者可以根据得分的高低来判断哪个才是最佳选择。

☞ 典型的生涯决策问题

个体在进入职业生涯之前，往往就会遭遇一些比较艰难的抉择；而在正式开启职业生涯后，也会面对一些常见的生涯决策问题。

其中一个最常见也最典型的生涯决策问题，就是出校园之后，到底应该先就业还是应该先择业。针对这个问题，各种各样的回答都有，而且不少刚出校园的新职场人对此感觉非常纠结，不知道该如何选择。

一个主流的回答逐渐占据了上风，那就是"先就业再择业"。于是，就有了"毕业季到来，新职场人蜂拥而入，但几个月之后就又蜂拥而出"的情形，离职率极高不但对新职场人不利，也对企业造成了巨大的影响。这其实都是"先就业再择业"的思想造成的。

要想解决这个问题，我们需要先了解清楚到底什么是就业、什么是择业。通俗地理解，就业就是找到一份工作获得报酬，以便满足生活必需的物质需求；择业则不是停留于找到工作，而是要从就业机会中寻找、筛选最适合自己的发展且能长远延续下去的职业岗位。

和择业相比，就业更加被动，选择先就业的人抱着的是一种"骑驴找马"的心态，最开始骑的驴到底怎么样，完全看运气；而择业则更加主动，重点在于自主选择，而不是随便获得一份工作。

其实，关于就业和择业谁先谁后的问题，最佳的解决方案应该是保持同步，即在择业的过程中就业。如果选择先就业，个体很容易盲目选择一份工作，即为了获得报酬而工作，缺乏理性思考和分析，更不会有长远的规划，从而导致频繁跳槽的情况出现，既浪费了时间，又不利于自身职业生涯的发展。

在择业的过程中就业，其实就是先明确自身的职业定位，发现自己的职业目标和方向，了解清楚自己未来打算向哪个方向发展之后，再进行就业。不过，这里需要特别注意的是，在最初就业时，千万不要将目标定得太高，而应该选择自己职业方向和职业目标领域的低位。

其实，职业生涯的起点只要不与职业方向和目标存在偏差，就足以助推你走上正确的职业路径。

当然，你在进入职业岗位之后，同样可能面对职业生涯的抉择，尤其是感觉自己应该"动一动"的时候，你会陷入"是跳槽还是调整心态继续在原岗位拼搏"的思考中。遇到这样的情况时，无论是跳槽还是继续在原职业岗位拼搏，个体都需要有足够的理由。

当跳槽的想法产生时，通常会伴有一些理由，作为职场人，你先要了解清楚跳槽想法的底层逻辑，以便分析跳槽的想法到底适不适合自己的发展。

跳槽主要包括以下几种底层逻辑。

第一种是纯粹的习惯使然，其本质是个体拥有逃避的性格，因为没有清晰的职业目标和职业方向，一旦遇到挫折和困境，或者一旦感受到工作新鲜感降低，个体就会以"习惯"为理由，频繁跳槽。这种习惯性跳槽很容易将个体积累的职业发展原料消耗殆尽，以至于跳槽到最后自己都会崩溃。

第二种是以提高报酬为目标的跳槽，当个体认为自己获得的报酬不够，同时有其他职业岗位给予更高的薪酬时，个体就会萌生跳槽的想法，甚至会在跳槽的过程中抛弃自己的职业定位、职业方向，只求高薪。但这样的做法属实是本末倒置了，因为个体如果拥有清晰的职业定位，选定了适合的职业方向和目标，只要逐渐积累经验、提高职业含金量、拓宽职场人脉，就自然可以获得符合职业发展方向的高薪岗位。

第三种是以不断尝试找到契合职业为目标的跳槽，这种有目的的跳槽源于个体进入职场后，一直渴望寻找到最契合自己职业发展方向的职业岗位，所以个体总会尝试不同的工作，以便明确自己的职业定位。虽然多次选择职业的确是认清职业定位、找到精准职业目标的方式，但当这种不断尝试性的跳槽成为心理惯性后，它就会完全没有促进作用，甚至使人无法获得对应的经验，最终成为自我逃避的一种借口。

第四种是以创业为目标的跳槽，即为自己创业积累资源和经验、做足准备，而选择跳槽。未来创业所需的准备通常无法在一个企业全部获得，需要创造条件跳槽到能为创业积累经验和资源的企业。另外，以创业为目标的跳槽，也属于一种未来创业的演习。需要注意的是，这类跳槽者不仅需要目标极为明确，而且要将跳槽后的企业视为自己创建的企业一般，用心去做事和感受。

第五种则是以谋求自身发展为目标的跳槽，当个体发现职业岗位和工作已经和自己的发展目标不符，或者已经影响到自己的发展空间，使个人发展受阻时，考虑跳槽就属于一种有利的改变。需要注意的是，这类跳槽者应抵挡住新岗位猛然出现的"诱惑"，通俗来说，就是千万不要迷恋新岗位的高职位和高薪资，在选择时一定要寻找契合自己能力的岗位，这样才能有效推动自身的职业发展。

如果你有了跳槽的想法，最好按照上述五种跳槽逻辑进行匹配，如果想法并不符合以创业或者以谋求自身发展为目标的逻辑，那么最好先压下跳槽的想法，选择留任原职业岗位。

这时，你也可以给自己的留任寻找一些理由。比如，你需要清晰地认识到，想要自己的职业生涯拥有足够的原料、资源，包括经验、人脉、能力、信心、声望、口碑等，必须长年耕耘才能积累出来，如果没有想好就跳槽，那么你在此职业岗位和企业辛苦积累的所有，都有可能瞬间化为乌有。

比如，当你的跳槽想法源于你在职业岗位上所遭遇的各种挑战和困难时，你就应该知道这是自己的"逃避心理"在作祟。这时你应该打消跳槽的想法，努力去反思自身，思索这种逃避挑战和困难的做法对你是否有益处。你要知道，挑战和困难的出现就意味着问题已经发生，这时逃避根本无法解决问题，即便跳槽到另一个职业岗位，这些挑战和困难依旧会出现，最佳的做法是直面挑战和困难，积极迎战，只有这样，才能让你未来的职业生涯更加顺畅。

此外，你必须清楚，跳槽可能会给新企业一种直观印象，即"这个人可能是被上一家企业淘汰掉的"。所以，请不要频繁跳槽，因为短期内的多次跳槽会让大多数企业认为你根本无法胜任对应的工作。

第六章
方向引领·塑造正确思维

商业思维：挖掘你的商业价值

任何一个企业职业岗位，都是企业为了适应社会发展、适应市场需求而设置的。企业为了实现发展，就需要在对应的岗位上安置与之相匹配的人员。如果你已经开启职业生涯，你就必然需要思考一个问题，那就是企业为什么会用你。

从底层逻辑来看，你之所以能获得某企业的某个职业岗位，并能在这个岗位工作一定时间，必然是因为你能给企业或团队带来一定的商业价值。如果你在工作一段时间后被企业放弃，那么最可能的原因是企业认为你所创造的商业价值太低，或者你在工作岗位上影响了企业或团队的整体商业价值创造。

你为企业或团队带来的商业价值，自然源于你自身所拥有的一些特性。如果你想要了解自身所具备的商业价值，那么就必须具备商业思维，从商业领域去看待自身。

你之所以能为企业带来价值，主要原因在于你拥有一定的知识体系、经历和人脉，这是你的外显商业价值；另外还在于你的天赋和专属技能，这一部分属于你的天赋优势。

从商业思维来分析，你需要尽可能地挖掘出你的外显商业价值，这样才能认清自身可以为企业带来的价值，从而选择最匹配自身的行业、企业和职业岗位。

☞ 盘点你的知识体系

从职业角度出发，职场中最有作用、最具商业价值的特性就是"懂行"，即你在职业中的某个领域和方向拥有丰富且成体系的知识，而且这些知识多数是由实践经验固化而成的，有极为明确且有效的作用。

　　针对具体的职业活动，知识体系主要包括三个领域的知识：一是专业性知识，象征的是与特定领域和职业方向相关的专业类知识；二是技术性知识，象征的是特定领域和职业方向中极具实操性的知识；三是管理性知识，象征的是广泛领域和职业方向中通用的广博知识。这些领域的知识会在个体的知识体系中进行融合，并作用于具体的工作。

　　在企业内部，不同的职位对个体知识体系的要求也会有所不同，尤其是对知识的深度和广度要求不同。具体而言，可以将知识体系分为五个级别。

　　最低的级别是较为有限的知识体系，通常只需要经过简单培训即可掌握，包括基本工作规则、条例、标准，以及与企业相关的各种内容，这些知识只能保障个体完成较小范围内的工作。

　　较低的级别是基本的知识体系，通常需要工作者拥有岗位所需专业类的相关知识，具备对应的教育背景，或者在相关工作岗位工作过一段时间，拥有对应的工作经验，主要包括工作岗位所需业务知识、技能、特定技术等。

　　中等的级别是较为宽泛的知识体系，通常需要工作者具备较为专业的相关知识，拥有对应的教育背景，还要拥有较为丰富的工作经验及相关实践经历，掌握特定的专业性技巧和技能。这个级别的知识体系需要个体在特定专业领域拥有多层面的相关知识和理论。

　　较高的级别是较为专业的知识体系，通常要求工作者在相关工作岗位有着长期实践，能在此领域内精通各种技巧和技能，熟知相关领域的各种理论，同时能将知识和理论向其他方向延伸。这个级别的知识体系已经上升到专家领域，个体既需要拥有娴熟的专业技巧，又要能灵活地运用各种理论和技能，进而可以结合实际情况加以创新和改造。

　　最高的级别是职能知识体系或资深专业知识体系，通常需要个体在上个级别的知识体系的基础上，拥有更加广泛且深厚的知识底蕴，同时有更加宝贵而独特的实践经验，能引导和指导乃至管理职能领域内的各方面工作。这个级别的知识体系已经上升到行业专家的层次，拥有者具备顶级的专业水准。

此外，最高级别的职能知识体系还包括一项非常重要的内容，那就是具备能横跨多个部门乃至多个领域的通用知识，即广博的知识。这些通用知识必须依托长久的实践总结，以及多部门、多领域的跨越和参与，最终才可得以形成。

通常情况下，个体的职业生涯发展和自身知识体系的升级是同步的。因此，你需要通过一定的手段，盘点出属于你的知识体系。真正的知识并不是只能通过校园教育、培训获得，而更多的是依靠实践和主动学习获得。其中，只有对你的职业生涯发展、职业实践有促进作用的知识，才是真正对职业有用的知识，所以你在盘点自己的知识体系时，千万不要以自己所拥有的各种证件、奖项为基础，而应该以职业实践能力为基础。

☞ 盘点你的经历和人脉

个体所拥有的知识体系是个体能够在职场体现商业价值的根基。而知识体系的积累和完善，本身就是一种特定的经历，在你的经历不断丰富的过程中，你也会逐渐积累属于自己的人脉，经历和人脉在你的职业生涯中同样会体现出特定的商业价值。

真正具备商业价值的经历，主要源于个体独特的人生经历，尤其是亲身经历过的事、做过的事、遭遇的问题和解决的问题等。在职业生涯中，拥有商业价值的经历主要包括学习经历、工作经历、社会经历、生活经历等。

这些经历不仅能丰富你的个人阅历，提高你对社会、对事件、对工作的理解能力，锤炼你的心理素质；而且可以让你获得对应的知识和技能，尤其是特定的工作经历，可以让你在完成工作任务的过程中自然而然获得知识和技能；此外，这些经历还可以让你获得一定的口碑，即你在经历事件的过程中所展现的助推事件解决的处理手段、心理素质、个人能力等，都会让你获得他人的肯定和推崇。

前两个方面比较容易理解，第三个方面则有一定的延伸效果。比如，你曾经在一家知名企业工作，那么对应的就是你的见识更广、眼界更宽，甚至对专业领域内的工作流程都了解得极为透彻。又如，你曾经创业，甚至是某行业领域的开创者，即便后来创业失败，那也是非常重要的经历，至少你的承压能力比寻常人更强，而且对该行业领域的理解比他人更清晰也更深入。

你的人脉，则是潜藏在你身边极为重要的资源。你在职业生涯中可能会遭遇自己无法解决的问题，举步维艰，如果你能灵活运用自己的人脉资源，这些问题就有可能被简单地化解掉。这就是人脉资源最大的作用。

我们一生中所有接触过的人，无论关系是近还是远，是亲人还是客户，哪怕只有一面之缘，也有可能作为人脉资源发挥出巨大作用。

根据不同的作用，人脉资源可以分为三类。

第一类是能对你的职业生涯发展起到核心支撑和关键作用的人脉，此类人脉资源会随着你的职业生涯发生一定的改变，通常最基本的就是你的主营领导、老板、关键客户、合作伙伴等。

第二类是在第一类人脉资源的基础上拓展而成的紧密类人脉，即和核心人脉相关的那些人所组成的人脉，如你的部门同事、合作部门，拥有较强影响力的同学、朋友、亲人等。

第三类则是较为松散的人脉资源，但这些人脉资源有时也会对你的职业生涯产生巨大影响，只要运用得当即可。这类人脉资源是涵盖范围最广泛、数量最多的资源，包括企业中的其他同事，你的其他同学和朋友，以及你的下属、普通客户等。

从商业思维角度来看，你的知识、经历和人脉都属于表层的商业价值，它们能非常清晰地展现出你在职业领域所能产生的价值。你如果能恰当地运用它们，则可以有效提升自己的商业价值。

价值思维：识别你的天赋优势

任何个体在出生时都具备一定的潜能，这是与生俱来的天赋。个体如果在成长过程中朝着天赋所在方向发展，就能达到事半功倍的效果。有些人拥有特殊的才能，如音乐敏感度高、运动能力强、身体协调性好等；有些人会具备特定体质，如爆发力强大、嗓音的音域范围广、身体强壮等；甚至人的姣好样貌、出众身材，也属于天赋的一部分。

天赋让个体拥有特定的先天本能，能快速理解、领悟、掌握特定领域的知识、能力。相较于其他领域，这种特殊性非常明显。

很多知名人士在某一个方面的成就超乎常人，但在另一些领域，甚至还不如普通人。比如，爱因斯坦在天文学、物理学研究领域的才华和成就是世界级的，但是他的运动能力相对普通人较差。

很多获得巨大成就的个体属于他人眼中的能人，这些能人之所以拥有异乎常人的能量，一部分是天赋使然，即他们恰好走在了自己天赋之路上，一部分是天赋让他们拥有了非常重要的专属技能。

专属技能是个体在获得属于自己的知识体系后，通过不断实践、锻炼和总结，最终形成的一种技巧本能。在职业生涯中，真正有用的专属技能，也可以理解为具备解决特定问题的能力，通常是后天形成的一种复杂运动系统。有用的专属技能在个体乃至他人眼中，就是职业领域中的一种潜在优势。

☞ 认识你的天资禀赋

天赋，也被称为天资禀赋。研究发现，天赋都有很强的倾向性，且不同的天赋会表现出不同的倾向性。

天赋呈现出多元化结构。这种结构如同一个圆环，个体只有在圆环中特定的方向上才更具优势，这个优势就是他的天赋特性。认识到这一点后，个体还可以通过训练逐步优化自己的天赋。

这种多元化的天赋结构，主要包括九个方面。

一是语言类天赋。具备这类天赋的个体拥有很强的语言交流能力和文字架构能力，能高效准确地运用语言文字表达思想、情感、想法、意图等。

二是空间类天赋。具备这类天赋的个体能通过视觉和想象，感受、辨别、记忆各种空间关系，同时能借助想象改变这些空间关系，以便表达自身的思想和情感，最突出的表现就是能通过线条、颜色、结构等要素表达思想情感。

三是逻辑类天赋。具备这类天赋的个体拥有极强的计算和推理能力，可以通过对比、计算、逻辑关系，对事物进行分析和处理，思维活跃且对数字敏感，分析能力也极为出色。

四是节奏类天赋。具备这类天赋的个体对声音、节奏、曲调等非常敏感，能通过对声音的感触，体悟其中蕴含的情感，也能通过声音将自己的情感和思想表达出来。

五是运动类天赋。具备这类天赋的个体通常习惯用身体和运动的方式感受并表达想法，而且肢体极为灵活，善于改造和实践，喜欢户外活动，甚至在学习的过程中也倾向于借助身体来感知。

六是探索类天赋。具备这类天赋的个体好奇心出众，而且对历史发展、社会变化、自然变更、环境蜕变等方面尤为关注。

七是内省类天赋。具备这类天赋的个体对自身的表现、意识、情感、动机等方面非常敏感，洞察力强且善于反思，自我控制力很强，能通过挖掘和洞察自身优劣，借助反思和控制，不断促使自身改变、提高。

八是交际类天赋。具备这类天赋的个体拥有敏锐的情感洞察力和感受力，善于和他人形成共情，因此能很好地与他人进行交流，情商高且理解力强，可以根据洞察到的他人的情绪与意图，做出对应且恰当的反应和变化。

九是意义类天赋。具备这类天赋的个体会深入探索自身乃至人类的生存方式、存在意义，以及其他生物的存在意义等，意义类天赋属于哲学范畴的天赋。

每个人都拥有特殊的天赋，只不过方向、特点和领域不同，天赋能力和潜力的展现时机也不同。有些人的天赋会在很小的年纪展现出来，而且能快速发展并成为显而易见的优势；有些人的天赋则显得毫不起眼，若非经过刻意挖掘甚至无法被发现。

那么，到底如何去识别属于你的天赋呢？可以通过自身、家人、同学、老师或朋友多方面进行天赋识别和了解。可以反问自身，在哪些领域具备与众不同之处，尤其是他人做不到你却能做到的事；可以问问家人，小时候是否有比其他孩子起步早的地方，是否有好奇心、探索心、幽默感，是否对某些事很敏感；可以问问同学、老师或朋友，你是否有一些与其他人不一样的地方，即你的特殊之处。

另外，你还可以想一想，自己是否有些职业方向的事想做却一直没有勇气做，如果有，你可以找到机会，鼓起勇气尝试一下，也许会有惊喜出现。

☞ 认识你的专属技能

如果说知识能传授能学习，那么，脱胎于知识和实践的技能，则是需要亲自参与、不断练习，最终才能运用自如的操作手段。

你所学到的各种知识，是自己脑海中长期存在的内容；但技能不同，如果一段时间不运用，技能就会生疏。

我们所具备的技能同样可以细分。其中最突出的就是专业技能，这类技能通常需要以专业知识作为支撑，具备很强的壁垒性。如果没有对应的专业知识，我们很难将专业技能锤炼娴熟。

另一类是自我管理方面的技能，包括你对环境的适应能力、对事物的快速理解能力、对事件的看法，以及遭遇问题和情况时自我调节情绪的能力、解决问题的能力等。

还有一类并不太起眼但对职业生涯极为重要的通用类技能，简单说，就是你能做的各种事。这种技能，生活、工作都需要。

通用技能非常灵活，可随着职业乃至行业的变化，直接平移过去发挥巨大作用。通常情况下，要想识别你的专属技能，就要挖掘你到底拥有哪些通用技能，只有这样才能找到最适宜你发展的职业方向和目标。

通用技能通常包括三个领域的技能：一是身体层面的技能，包括动手能力、身体灵活度等，这是发展专业技能和操作性技能的重要基础；二是头脑层面的技能，包括信息收集能力、分析能力、思考能力等，其外在表现是个体发现问题、分析问题、解决问题的手段，以及实现创新和创造的能力；三是交际层面的技能，包括说服能力、管理能力、协调能力、执行能力、组织能力、教导能力等。

要想找到你的专属技能，首先你要梳理自己到底能做什么，也就是能参与并完成哪些事、哪些领域的工作；其次要分辨这些工作中哪些完成得最好，并挖掘其所需的技能；最后从完成这些工作所运用的技能中，找到那些运用起来得心应手的技能。

熟练度高的技能越多、越全面，职业道路就会越顺畅。当你的技能与职业相匹配时，你不仅能快速挖掘技能的潜力，还能快速提高你的相关专业水准，在职场的发展也会更顺畅。

需要注意的是，大多数企业看重的通常是个体的综合素质和综合能力。从上述三类技能来分析，多数企业更看重个体的自我管理技能。这种技能可以让个体拥有更加强悍的环境适应能力，也能让个体在应对工作中出现的问题时更加理智、冷静。当自我管理技能和其他技能融合后，自我管理技能不仅能有效提升其他技能的水准，还能让个体在职业岗位上更快适应和成长。

职场思维：正确认识职业机会

开启职业生涯，就意味着你已经走上了追求理想的道路。你要想激发自己的商业价值并发挥天赋优势，就必须拥有一个契合自身的职业；相反，如果没有支持你发挥能力的时代、环境、背景、岗位，无论你的学识多高、优势多大，你都无法真正成就属于自己的事业。

正所谓"时势造英雄"，不同环境、时代背景，会形成不同的职业机会，也会成就一批职业领域的弄潮儿。20 世纪 70 年代末推行改革开放政策，其后的 20 年间，时势推动无数人"下海经商"，其中就有一大批应时而生的成功者。

进入 21 世纪，互联网的崛起同样造就了很多互联网达人。如今，人工智能进入发展快车道，各行各业受其影响进入 AI 时代，这样的背景同样带来更多更丰富的职业机会。

要想正确认识职业机会，需要从时势和环境出发，以职场思维进行挖掘和分析，这样才能让自己认清职业机会，以便抓住最契合自己的职业机会。职业机会由诸多要素组成，每一个要素都会在一定程度上影响职业机会的多少、职业的发展方向乃至职业的发展方式。

相比个体的商业价值和天赋优势，职业机会属于外部因素，是个体融入社会的根基。正是因为这种外部因素一直环绕在我们四周，很多人会忽略这种因素的存在。

外部因素对我们职业生涯的影响极为深刻，只有以职业思维正确认识职业机会，你才能在自己的职业生涯道路上目标明确、顺畅发展。

☞ 社会环境中的职业机会

社会环境属于宏观环境，是支撑各行各业发展、成长、改变的摇篮，对个体寻找职业机会影响巨大。作为背景类环境，社会环境不会轻易变化，其对职业机会的造就也属于不可抗力。

从职业思维来分析，社会环境对个体职业机会的影响，主要是影响职业发展大趋势。个体如果对社会环境有深入了解，就可以明白哪些职业方向拥有未来，哪些职业方向已经走在末路，从而在把握职业机会时更具优势。

在社会环境中，影响职业机会的因素有七项。

一是人口环境，即不同国家、不同地域中人口的数量、布局、性别结构、年龄层次等直接影响区域商品、服务的市场需求，不同人口环境所创造出的职业机会也会截然不同。比如，在老龄化严重的区域，服务类职业机会就会大增，老年相关产业和产品的需求量也会增加。

二是经济环境，指不同国家或区域，在特定社会经济制度下形成的不同经济发展水平、经济结构、资源状态、消费水平、劳动力结构等。通常经济环境越开放，经济发展水平就越高，消费水平相对也会越高，职业机会自然就更多。正因如此，中国一线城市才会吸引更多人前往，这些城市经济发展水平高，职业机会也更多，选择职业的自主权也更大。

三是政治环境，主要指某地区对产业、行业的支持力度、鼓励政策、限制条件和制约状况等，这是影响职业机会的一个重要因素，尤其是对某些行业而言，政治环境的变化会影响其发展空间和发展趋势。

四是人文环境，包括区域内的文化底蕴、教育状况、风俗习惯、价值观念、生活方式、行为规范等，人文环境影响的是该区域内人们的思维情况、职业观念、生活习惯、需求欲望等，自然也会影响职业机会。不同人文环境中的职业机会也不同，比如，在较为传统的理念下，职业机会也会偏向传统；而在较为新颖和开放的人文环境下，职业机会则更加丰富多样。

五是自然环境，主要指不同地区的不同资源特性和地理环境特性，通常拥有独特自然环境的区域，会衍生独特的职业机会。比如，拥有煤炭资源或石油资源的区域会产生大量相关的职业机会。

六是科技环境，通常某区域的科技发展水平也会影响相关领域的职业机会，比如，以手工业为主的区域，科技环境相对较差，区域内的职业机会以手工艺为主，科技水平相对较低；而以互联网产业为主的区域，科技环境相对较好，信息服务、软件服务、电子商务等与互联网相关的高科技水平职业机会就会更多。

七是重大事件，重大事件也会形成特定的环境，影响职业机会。

☞ 行业环境中的职业机会

无论是在古代还是在现代，选择契合自身的行业都是非常重要的事。这个选择，决定了个体职业生涯的发展空间和未来成就。

21 世纪以来，科学技术快速发展，创新频频，社会职业分工越来越精细。社会的进步催生众多新兴产业形态，也导致很多产业、行业受到限制或走向衰退。因此，走上职业生涯的个体需要运用自己的职业思维，找到拥有广阔发展空间和发展前景的行业。

个体先要避免进入受限制和衰退的领域。比如，环保力度的加强，限制各种容易对环境造成危害的行业的发展；在高机械水平的冲击下，生产力较低的各类行业也逐渐走上衰退之路。

另外，被独立划分的三大产业（农业产业、工业产业和服务产业）开始逐渐融合，如农业开始与服务业融合、工业与服务业在深入融合。这使整个市场体系不断完善，生产规模、市场规模不断扩大，相关的职业机会自然也越来越多。

随着计算机技术、生物技术、电子技术、通信技术的快速发展，很多新兴产业逐渐崛起，开始与三大产业融合，发展为各种新产业形式。这些新产业形式脱胎于三大传统产业，带来的相关职业机会越来越多。

这种发展趋势也推动了第四产业的出现，即知识产业。21 世纪之后，知识产业的发展走上了快车道，相关的知识生产、知识传播、知识应用领域的职业机会快速涌现。

随着知识产业的发展，在互联网技术的推动下，整个社会逐步进入信息化时代。在这种背景下，行业环境开始发生翻天覆地的变化，甚至连社会的分工基础都出现了一定的变化，开始从以体能为主转变为以脑力为主。

行业领域由此出现鲜明的分支——如今社会中的产业通常会被分为夕阳产业和朝阳产业两大类：夕阳产业主要是那些使用资源较多、容易形成环境污染的产业，如造纸产业、纺织产业等，未来，这些产业的发展必然会受到限制，职业机会自然也容易受到限制；而朝阳产业则主要包括计算机产业、软件产业、信息产业、新能源产业、文创产业等，其发展潜力巨大，产业成长速度快，职业机会自然也更多。

☞ 其他环境中的职业机会

虽然社会环境和行业环境对职业机会的影响作用较大，但也有一些其他环境会影响个体的职业机会，如企业环境、岗位环境。

对于企业环境而言，需要从三个角度评估其特性和发展前景。

第一个角度是企业的实力。这主要包括企业的社会地位和声望、企业的产品和服务、企业所在产业的发展趋势、企业的发展状态和前景、企业的战略目标和愿景、企业的硬件设施和竞争对手情况、企业的财务状况，以及企业的生命力等。

第二个角度是企业的领导。很多时候企业领导的抱负和能力、眼界与目标，会对企业的发展产生决定性作用。因此，个体需要评判企业领导是否有足够的事业心，是否有卓越的战略眼光，管理模式是否先进，性格是否适合带领企业做大做强等。

第三个角度是企业的文化和制度。企业文化代表着企业的价值观和核心发展目标，个体需要评判企业的文化氛围是否与自身的发展目标相符，以及是否符合社会、产业的发展趋势；对于企业的制度层面，个体则需要从企业的组织架构、薪资福利、管理特性、发展空间、晋升渠道等方面进行评价。

通过上述三个角度的分析，个体可以梳理出一条清晰的评价路径，从而明确感受企业的发展空间以及自身目标能否在企业实现等，也能分析出企业是否有契合自身的职业机会。

如果已经进入某个企业，你就需要对岗位环境进行评估，看该岗位是否真正适合自己，是否能让自己有更好的发展前途。

具体而言，好的岗位环境所带来的职业机会需要满足三个条件：一是需要和你的职业取向、职业定位一致，这是最基础的条件；二是所在岗位能显示并强化你的商业价值，发挥你的天赋和优势；三是所在岗位能让你明晰自己的晋升发展道路。

要注意的是，无论你所在的企业岗位是否为你提供了足够的职业机会，你都需要认识到，所有职业机会必然伴有一定的竞争。如果你期望职业机会能牢牢把握在自己手里，就需要"知己知彼"，需要了解自身以及竞争对手的优势和劣势。这样，一方面能尽可能地发挥和强化自身的优势，另一方面则能尽力弥补自己的缺点。

营销思维：运作你的人生价值

当你真正开启职业生涯，你就要将自己挖掘出来的商业价值、识别出来的天赋优势充分发挥出来，抓住各种职业机会，这样才能推动职业生涯的快速发展。

虽然说"是金子到哪里都会发光"，但职业机会竞争激烈，如果你想要尽快展现自己的商业价值，你就必须学会营销思维，即将自己挖掘的商业价值提炼出来进行概括，然后将其推销出去，让企业认识到自己的真正价值。

对于个体而言，想要获得自己渴求的职业机会，需要了解企业对商业价值的评价标准，然后对自己形成评价，洞悉自身的商业价值，这样才能更好地匹配企业。

☞ 企业对商业价值的评价

不同的企业对个体商业价值的评价有不同的标准。比如，有些企业更注重个体的大局观和团队精神，对个体自身的能力和知识底蕴要求不高；有些企业更加注重个体的人品，对个体的专业技能和交际能力则不会做特殊的要求。

即便如此，不同的企业在评价人才的商业价值时也会有很多共性的地方。比如，不同行业、企业对不同层级管理者的要求就非常类似。对于初级管理人员，首先要求的是个体的专业性知识和技能，其次是领导力、行动力、交流能力、管理实践力等；对于中级管理人员，首先要求的是个体的领导力，其次是专业性知识和技能，以及谈判能力、交流能力、判断能力、创造力，最后还有对外的管理能力和协调能力；对于高级管理人员，要求又会发生变化，首先要求的是个体的领导力，其次是先导性和预见性，最后还有企划能力、创造能力、决断能力等。

这也就是说，企业对人才商业价值的评价既有特定要求，又有共性要求，这些要求源自不同企业的不同人才观和价值需求。

有些企业对员工的商业价值需求会分为多个层次，比如，不仅要求个体具备相应的个人能力，包括适应性、主动性和创新性；也要求个体拥有足够的团队协作能力，包括团队沟通力、合作能力和对应的学习能力；甚至要求个体能更快融入企业，具备超强行动力和一定的客户服务能力。

有些企业则更加看重员工单一领域的商业价值，比如，只注重个人素质和品质，包括个体解决问题、思考问题、工作实践的能力，良好的沟通交流能力和创新精神，以及敢于实践和尝试、勇于迎接挑战的精神等。

☞ 发现和运作你的价值

任何个体都拥有自身独特的商业价值。个体如果想要将自己的价值营销出去，不仅需要对企业的价值需求足够了解，还要对自身的价值足够了解，并学会运作自身的价值。

认识自身价值需要从自我意识着手，即对自我进行深层认知。不过，与了解自我的四个维度不同的是，这里的自我认知是个体通过观察和分析外部环境、社会状态等，并结合自身状况所形成的一种多层次的心理认知。对此，个体可以借助以下三种形式进行深入了解。

第一种形式是自我认知，即对自己的生理状态、心理状态、社会状态等方面形成意识，目的是洞悉"自己是什么样的人"，通常会以个体对自己的看法和观点的形式呈现。

第二种形式是自我体验，即个体客观看待自身之后，产生的一种情绪体验或情绪评价，目的是了解"自己对自己是否满意""自己对自己是否满足"，通常会以自身的责任感、优越感、荣辱感等情绪呈现。

第三种形式是自我控制，即个体对自身行为、思想、语言、情绪的控制，目的是了解"我应该成为什么样的人""我应该做什么""我应该获得什么成就"，通常会以自我暗示、自我管理、自我激励、自我调节的形式呈现。

要想真正了解自身的商业价值，就需要对自我有全面认知。但通常情况下，个体对自我的认知会比较片面，很多层面的自我被忽略、隐藏和掩盖了。

　　个体对自我的认知，可以分为四个领域。

　　一是公开透明的自我，这个领域是自己能感知到、他人也能感知到的，包括个体的外形特征、行为习惯、学历、获得的荣誉和奖项等。

　　二是隐藏起来的自我，这个领域的自我只有个体自己清楚了解，他人则完全不知道，主要包括个体的某些经历、某些能力等，有些是个体自己无意识的隐藏内容，有些则是有意识的隐藏内容，目的是维系自尊和外在形象。

　　这两个领域都属于自我非常清晰明了的部分，只是对于他人的状态不同，一部分完全开放，一部分完全隐藏。

　　三是个体自身并不了解但他人了解的自我，也可以说，是盲区中的自我，即在他人眼中非常清晰，但自己看不到，类似于盲区，主要包括个体的某些特殊行为或习惯等。因为这些自我表现已经成为个体不重视的习惯，所以个体通常不会自我察觉，但是在他人的提醒和引导下，个体能将盲区中的自我挖掘出来。很多时候，盲区中的自我就潜藏着个体不自知的优势或缺点，通过内省和他人引导，才会被清晰地认识到。

　　四是个体还没有开发出来，或者说已经具备但还没有发现的潜能部分的自我。在现实职业领域中，有时会出现某种情况，如某个人在特定的职业领域内，忽然发现自己好像极为善于做某件事，甚至可以称得上是天才，其实这就是个体偶然之间开发出了自身潜能的表现。

　　除了潜能领域的自我，前三个领域的自我都可以通过"自我坦诚"的方式转化，这也是运作自身商业价值的最简单的手段，即通过深入了解隐藏起来的自我，将其逐步转化为公开透明的自我，从而让他人看到自己的某些能力和特点。

　　另外，通过自我坦诚，个体可以获得他人对自己的反馈。通过分析这些反馈信息，个体还可以更加深入地了解盲区中的自我，从而获得更加坚实的人际关系网，再借助人际关系网的反馈，更加清晰地认识自我。

通过这样的方式，我们可以将公开透明的自我展现得更加清晰，这样一来，自我的商业价值自然也就更容易被企业看到。同时，我们还可以有效扩大公开透明的自我，缩小隐藏的自我和盲区中的自我，让自身的优势更显眼，这样自然也就更容易体现自己的价值。那么，那部分潜能领域的自我又该如何展现它的商业价值呢？对此，个体可以从以下三个角度着手挖掘。

第一，不要害怕挑战和困难，因为只有勇于接受新挑战，才会接触新机会，才能知道自己到底擅长哪些方面，不擅长哪些方面，从而才有挖掘出自身潜能的可能性。

第二，加强对自我的观察，因为在成长过程中，我们已经形成了比较固定的行为习惯和思维模式，所以有时候会陷入不自知的状态而无法自拔，要想跳出这种状态，就要不断加强对自我的剖析和观察，从而获得更多反馈信息，这样才能打破惯性思维的桎梏，了解到自身的潜能。

第三，通过不断自我观察、反思和感悟，逐渐形成对自我行为的深层认知，长久积累下来，这种深层认知就会蜕变成一种顿悟，从而让个体挖掘出自身的潜能。

第七章
追求卓越·从新人到行家

专注目标：喜欢即为高端

进入职业生涯后，如果没有一个清晰明了的目标，你就很可能会在职业路上逐渐迷失。那么，具体的职业目标到底该如何设定？我们又该如何专注于目标，逐渐实现自我价值呢？

有些人可能会说，我一直拥有目标，只是那些目标太大，所以很难实现。其实，这样的"目标"，尤其是这些遥不可及、根本无从实现的"目标"，根本不是真正的目标。

这些目标没有被详细定义，显得极为模糊且没有具体的指向性；同时这些目标仅仅是一个个"口号"、一个个"标志"，根本没有相应的行动。而真正的目标，无论是职业目标还是人生目标，也许很概括，也许很庞大，都必然需要匹配对应的执行渠道。而且，越短期的目标就要越具体，这样个体才能更好地管理目标，并针对目标制订具体的执行计划，最终借助计划展开行动。

☞ 设定有效的目标

也许有些人会认为，自己设定的目标一直在指引自己前行，只是目标的实现过程太过艰难。然而，在设定真正有效的目标之后，整个实现的过程并不会太艰难，个体只要专注于目标，就能一步一个脚印地将其实现，但前提是必须设定一个真正有效的目标。

具体而言，设定真正有效的目标需要遵循五个基本原则。

第一个原则，你的目标必须足够具体，尤其是一些短期的目标，不能笼统，而是应该符合特定的标准。比如，你的目标是成为受人尊敬的人，这样的目标就极为笼统，根本没有任何指引性。真正有效的目标应该具体到这样：我要成为一位受人尊敬的语文老师，以便有效传承和弘扬中国文化。

通过对比，我们会发现第一个目标根本没有具象性，"受人尊敬的人"只是一种状态，甚至说只是一种内心渴求，它不是目标；而第二个目标已经具体到"受人尊敬的语文老师"，这已经是一个具体的职业方向，而且后面是成为这样的人的心理动机——传承和弘扬中国文化，这个心理动机还会成为你的动力源泉，不断推动你朝着具体的方向努力。

第二个原则，你的目标必须能衡量、极为明确，不能过分模糊。具体来说，就是你需要拥有一个具体且明确的数据或标准，以衡量目标到底有没有实现。

比如，你所设定的目标是"这几年我的收入要有所提高，要满足升职的要求"。这样的目标其实根本没有任何指导性，因为你并没有将目标具象化，具体收入要提高多少，达到什么职级都没有明确。

真正有效的目标需要将标准放进去，比如，"我要在 5 年内，使自己的年薪达到 15 万元，同时要成为人力资源部门的主管"。这个目标中有几个具体的标准：一个是 5 年的时间，一个是年薪达到 15 万元，一个是成为人力资源部主管。这其实就是一套衡量的标准，能引导你朝着具体的目标前进。

第三个原则，你所设定的目标必须是通过努力能实现的，即通过不断成长和努力，你能在过程中克服困难，最终达成目标。其中涉及两个因素：一个是个体因素，另一个是目标涉及的因素。

比如，你所设定的目标是"两年内成为企业之中的顶梁柱——总经理"。这个目标，根本没有考虑到上边的两个因素。先从个体因素分析，如果你想成为企业的总经理，一方面必须拥有较为全面的知识和能力，领导力突出；另一方面还必须对企业内部的情况了如指掌。两年的时间，一般人根本无法做到这一步。

从目标涉及的因素分析，也就是从企业领域来看，两年内企业内部是否会有总经理职位的空缺和需求，企业的发展速度是否能满足多位总经理的布局模式等，这些都需要个体进行考察和验证，至少需要让目标贴合实际。所以，最终设定目标可以是"两年内成为企业特定部门的经理，如销售经理"。

第四个原则，你设定的职业目标需要和其他目标具有紧密相关性。其中一个领域是个体层面，即你在职业领域的目标需要和自己人生中的其他目标相关联。比如，你的职业目标最好与人生目标有关，至少需要方向一致；还需要与你自己的发展目标、事业目标、兴趣爱好等有关，至少不能形成冲突，否则职业目标达成后，会不利于你的后期发展。另一个领域则是外界层面，即你在职业领域的目标需要和企业、部门的目标相关联，甚至需要和行业目标相关联，必须确保这些目标的大方向一致，这样才能确保你的目标能逐步实现。

第五个原则，你在设定目标时需要明确限定目标达成的时间，比如，你的某个职业目标需要在 6 个月之内实现。

有了明确时限，对目标的追求就会伴有一定的压力和紧迫感，不至于在设定之后无限期后延目标达成的时间。

我们在设定职业目标时，需要根据上述五个原则来细化和完善，同时，最好再制定一个"若完不成目标应该给予自己的惩罚"，用这个惩罚机制来"强迫"自己去追逐目标，这样才能减少懒惰、拖延等负面习惯的影响。

☞ 了解目的，专注目标

任何人在人生路上，都会怀揣着梦想、期待，为自己设定一些目标。这些目标通常会覆盖人生的各个方面，包括生活方面、职业方面、个人成长方面、家庭方面等。

前面所说的五个原则，就是为了让个体拥有清晰且具体的目标，以便个体根据目标制订详细计划，并切实展开行动，最终实现目标。但是，在设定目标的过程中，有时候个体也会因为其中涉及的数字过于具体，从而产生迷失感。

比如，个体的目标是 3 年内赚 50 万元，或者半年内减肥 20 斤，或者某个考试要达到优秀水平等。这些目标都非常具体，方向和细节也比较明确，能引导个体不断向目标前进。但是，个体在追求目标的过程中，有时依旧会感觉到迷茫。

实现了 3 年内赚 50 万元的目标后，个体开始不断想象更大的数额，并不断去赚钱，到最后甚至成了金钱的"奴隶"；减肥 20 斤之后，又制定了更加严苛的目标，甚至最后变成了"病人"；考试达到了优秀水平，又开始追求下一次考试的"满分"……

在完全以追求更强悍的具体数字为目标时，个体往往会忽略很多东西，甚至会将更重要的底线打破，最终还可能沦为"目标的奴隶"。

之所以会产生这样的结果，是因为个体设定目标后逐渐忘记了自己的初衷，也就是最初的那个目的。这个目的，也许是呈现于外的一种心态，也许是隐藏在内心的一种底线追求，如果期望自己能一直专注于目的，最佳的手段就是将目的提炼出来，成为目标形成的根基。

你可以在设定目标时，反问自己几个问题：为什么要设定这样的目标？我这样做的真正目的是什么？我渴望在这个过程中得到什么？

依旧以前面的三个目标为例，3 年内赚 50 万元，是为了让自己的生活更轻松，以及让家庭拥有更坚实的经济后盾，你期望自己能在赚钱之余，得到生活的幸福。

半年内减肥 20 斤，则是因为自己的身体太过肥胖，真正的目的是让自己的身体更健康，你渴望在这个过程中重新找到自信，减少疾病的侵扰。

考试达到优秀水平是为了给你的下一个目标铺路，真正目的是学到对应的知识，以便能快速衔接下个目标，目标背后体现的是知识的重要性。

从这个角度来看，只有重视目的的目标，才能带来有方向、有过程、有改变的努力，才能助力我们创造更均衡的人生。

在兼顾目的达成目标的道路上，专注于目标能让个体更快实现目的，在此过程中，你的目标如果恰好是你感兴趣的方向，则更易推动你达到巅峰状态。甚至，即便你感兴趣的方向并未被你设定为目标，你的潜意识和潜在目的也会让你在这个方向如鱼得水。

小刚在上中学的时候就特别喜欢摆弄机械零件，他不仅给自己修理自行车，还经常给同学和朋友修理自行车。大学的时候，小刚学的是文科专业，有了一丝文学青年的气息，可依旧喜欢摆弄机械零件，没有抛弃自己修自行车的手艺。

一次偶然的机会，小刚接触到了专业自行车，出于对机械零件的喜爱，他很快就对专业自行车有了深入的了解，慢慢地可以专门修理和调试专业自行车。

大学毕业后，小刚在图书圈打拼了几年，由于实在感受不到任何乐趣，便在闲暇时间开了一家专业自行车修理店。

刚开始，他只是每天晚上开两个小时，也不会因为工作量而改变营业时间。后来，他凭借出色的手艺逐渐有了名气，又因为在图书圈根本找不到乐趣，所以直接开起了修理店，除了修理专业自行车外，他还组装和售卖各种自行车。

因为并不太善于和他人打交道，所以他根本没有宣传过自己的修理店，每天都是按照自己定下的时间开店，从来不会加班加点。好在他的名气打了出去，找他修理和组装专业自行车的人越来越多，甚至最后不得不进行预约。同时，小刚虽然从来没有将开修理店作为谋生的手段，甚至连修车和组装自行车的价格也一直固定，但是那些"骑友"却从不吝啬，经常按照市场价给他相应的费用。

久而久之，小刚成了专业自行车领域的高端人才，甚至很多专业自行车生产商都开始找他做代言，有些专业自行车领域的活动或比赛也会找他来做中间联系人。

上述案例中，小刚并没有屈从于生活，而是在发现职业生涯方向不适合自己之时，很快调整了自身，更加专注于内心渴求的目标，将自己喜欢的事发展成了自己的事业和职业的未来方向。也许会有人认为，修自行车而已，即便是修专业自行车，好像也不是什么"高大上"的职业未来，但是对于小刚而言，那不仅是他喜欢的方向，还使他成长为一名专业人才。在他的心里，喜欢的就是高端的。

成为行家：从专业到顶级

当你设定出极为明确又清晰的职业目标，兼顾目的地进入职业生涯之时，你就已经走上了追求卓越的第一步。其实每个人最开始的时候都属于新人，之后逐渐在职业道路上前行，经历无数次坎坷，不断提升和蜕变，才能成为真正的行家。

行家，直白来说就是行业之中的状元，也可以称为顶级专家。这也正应了中国的那句古话："三百六十行，行行出状元。"然而，从新人向行家蜕变的过程，却并不像我们想象的那般容易。

简单来说，从一个什么都不懂的新人蜕变成为顶级专家，需要经历一系列的提升过程，很多人在此过程中还会被局限于顶级专家之前的一个阶段——专业人士。专业人士，只是某一个岗位或某一个领域中的佼佼者，能完成该岗位或该领域中较为困难或艰巨的任务。

☞ 新人、专业人士和顶级专家

要想理解怎样才算专业人士，可以从技术领域的职业岗位着手，如果某人能在专门的技术岗位完全掌握了该岗位所需的技术和知识，并拥有极为丰富的经验，能完成极为复杂且困难的任务，那么他就可以称得上是该岗位或该技术领域的专业人士。

不过，专业人士只能在某一领域，或者某岗位，高效解决具体的问题，单打独斗完成极具挑战性的工作，却无法成为这个领域、这个行业的引领者。

刚刚进入职业岗位的人，会从新人做起，在逐渐了解和接受工作岗位的特点后，就会成为职业岗位的助理，并一步步接触实践任务，积累经验并提升技术。通过持续学习和不断实践，个体很快就会达到一定水平，可以独立完成工作。

随着持续积累经验以及不断锤炼技术手段，个体会逐渐成为这个工作岗位上独当一面的人才，逐渐成为专业人士。

专业人士虽然在某一领域、工作经验、行业某岗位等方面属于佼佼者，但是还缺乏成为真正的管理者的能力和潜力，无法真正引领该行业的发展，依旧有较大的发展空间。

要想成为行家，个体就需要以此为基础，重走一遍"从新人到专业人士"的道路，只不过与前面路径不同的是，这一次是从单打独斗的专业人士出发，成为带领助理的专业人士，然后成为所属领域或工作范畴专业人士的管理者，不断提高管理能力，蜕变为管理多领域专业人士的顶级专家。

专业人士和顶级专家最大的区别，并不在于技术层面的能力，而在于管理领域的能力。专业人士最核心的工作目标是保质保量高效完成工作任务，为此，专业人士需要具备丰富的工作经验，拥有与工作岗位和任务匹配的专业知识和技术，可以极为娴熟地运用自己的知识和技能。而顶级专家的工作目标主要是提升行业领域的创造力，即通过丰富的工作经验、娴熟的技术以及强悍的管理能力（包括管理人的能力和管理技能的能力），钻研行业相关新技能，乃至突破行业壁垒，推动整个行业在更广阔的空间发展。

☞ **攀上顶峰，成为行家**

走上职业生涯，成为专业人士其实并不太困难，只需要在同一个工作岗位上深耕，不断积累经验并学习对应的知识，借助不断实践就能实现，从而可以独当一面，完成各种艰巨的工作任务。

这个过程通常需要延续数年时间，而且个体必须脚踏实地一步步通过实践来积累经验。最初，不论你的知识底蕴多么深厚，学历多么高，所学技术多么深奥，你都属于职场新人，因为你所学的所有知识和技术都尚未被应用到实践之中，你只能通过一次次实践来完成知识的验证和经验的积累。

之后经历半年或一年的时间，你将逐渐变得游刃有余，所具备的知识底蕴、技术手段，会在一次次尝试中逐渐和工作任务相结合，从而使你能够独立完成一些简单的工作任务；一年或三年之后，因为经验的不断积累，你的实践技术会越来越娴熟，你对自己所处的职业岗位和日常工作流程了如指掌，这时你已经成为该岗位上的中流砥柱，可以保质保量完成具体的工作内容。

经过几年积淀，你差不多已经成为该工作岗位上的专业人士，如果该方向依旧和你的职业生涯方向匹配，那么下一步你需要做的就是攀上顶峰，成为该行业的顶级专家。

成为顶级专家并不容易，因为想要完成蜕变，个体必须投入全部的精力，这需要个体所在的工作领域恰好是自己的兴趣所在，或者恰好是职业价值所在，只有这样，个体才能不断以该工作领域为核心，向四周延伸并强化，最终才有可能成为该职业领域的顶级专家。

通常从专业人士到顶级专家，依旧需要经历多次蜕变。你需要经过数年的积累，才能在所负责的工作岗位和方向上拥有极为扎实的经验，即便遇到各种问题和困境，也能快速找到处理方式，甚至能在完成工作任务的过程中不断优化方法和手段，在保质保量的同时更加高效地完成工作。在工作过程中，你还需要不断形成属于自己的独特想法，并不断通过工作实践去验证和尝试，以便形成独属于自己的工作手法。

当你工作十年以上，拥有了极为丰富的岗位工作经验，能极为快速地解决问题，同时在岗位工作的相关领域遭遇问题时能找到解决的方法并取得成果，甚至逐渐将这种解决问题的手段转化为企业标准化流程时，你就进入了高级专业人士的范畴。

以此为基础，继续在工作领域深耕，并成为所负责工作领域的一把手，遇到各种相关问题时都能拿出创新性解决方案，甚至能成为企业内部各部门之间的协调人，当企业遭遇新业务问题，也能及时为企业出谋划策时，你才算是真正的顶级专家。

跨越障碍：弯道超车秘诀

从一个职场新人逐渐蜕变为专业人士，不少人可以成功过渡；然而从一名专业人士逐渐成长为一名顶级专家，却极为困难。这是因为成为顶级专家一方面需要所在职业岗位和兴趣、喜好、渴求等相契合，另一方面还需要个体能不断提升自己，朝着正确的方向不懈努力。

从个体角度来说，想要从专业人士升级为顶级专家，首先需要在内心深处意识到自己渴望在哪方面得到提升，自己的兴趣方向到底在哪，这样才有动力投入精力去研究和挖掘，最终成为该领域的佼佼者。

其次，个体需要在社交领域有针对性地提升自己，毕竟一名顶级专家需要引领众多专业人士，这不仅需要个体拥有足够的协调力，还需要个体具备良好的沟通交流能力，可以尽可能引导众人发表想法，且最终形成的决策也能让大家心服口服。

最后，个体需要拥有足够的智慧，能有效提高自身的能力和综合素质，为成为顶级专家奠定基础。比如，个体需要学会工作复盘，每当在工作过程中发现新的问题和信息时，个体都需要及时将其妥善处理并纳入知识体系中，以便后续更便捷地工作，同时需要对工作过程和结果进行分析和反省，从而让工作经历成为自己的实践经验。

又如，个体需要学会时间管理，以经验引导自身行动，并结合新问题高效完成工作。在行动过程中，个体还要有敏锐的洞察力，能先对问题和工作进行观察分析，寻找到规律并制订好计划，再开始行动。

除此之外，个体在从专业人士蜕变为顶级专家的过程中，还会遇到很多障碍，对于其中两方面障碍，必须实现跨越。

☞ 跨越年龄的障碍

通过前文对行家的介绍，我们已经大体了解了从一名职场新人逐渐成为一名专业人士至少需要数年，而从新晋专业人士逐渐成长为高级专业人士甚至需要十几年的时光。而且，这个时间跨度还仅仅对应着较为理想状态下的职业生涯阶段。

根据统计，绝大多数顶级专家通常年龄需要在40岁乃至50岁以上，才可能拥有巨额财富，其实，职场人通常需要到50岁左右才能真正达到职业生涯的巅峰，成为真正意义上的顶级专家。

而绝大多数从业者即便到了50岁左右，也无法真正攀上职业生涯的巅峰，这主要是由年龄的障碍导致的。

当个体到达40岁左右时，身体机能可能还未开始出现明显下降，但是大脑的功能已经开始走下坡路，最为明显的就是记忆力开始下降，相对应的智慧层面的功能也会被重复性内容和经验所取代。也就是说，很多个体在40岁左右就开始不爱动脑筋了。

这是年龄因素造成的影响，甚至有些人此时开始不愿意感受和理解行业发展的方向，也不愿意去探索和理解各种事物或事件背后的底层逻辑，用最简单的话来说，就是他们的大脑"变懒了"。

除此之外，大脑"变懒"还会引发一系列问题，包括个体的好奇心开始下降，开放性思维越来越少，容易出现留恋过去、喜欢重复前期形成的经验和方法、不再渴求创新和改变等状况。而且，生活的重担也容易让个体不再热血，习惯于接受现实甚至妥协于现实。

正是因为热血和冲动开始衰退，此时的个体更相信眼前所获得的财富激励，而不再轻信梦想，甚至不再愿意为未来的发展投资。于是，整个人的状态就会变得更加保守。

在人际交往领域，个体此时的社交圈已经逐渐成熟且完善，有些人因此开始过度相信人脉，将所有工作和提升目标向人际圈转移，导致集中在工作专业领域的精力减少，且因为经验极为丰富，已经成为资深专业人士，所以沟通时习惯了以自我为中心，倾听能力也会相应降低。

陷入这样的状态，个体如不能及时合理地调整自己，就不可能成长为顶级专家。如果你察觉到自己存在上述问题，而且渴望自己能登上职业生涯的巅峰，你就需要从以下几个角度着手去改变自己。

一是必须将自己的精力和关注点集中到自身的兴趣、工作岗位、职业领域和行业之中，先忽略掉外部的那些激励，如表层的财富，避免在人际交往领域耗费大部分精力，确保自己能保持正确的发展方向。

二是必须保持学习的态度，并且尽可能地继续深挖职业领域内的技能，确保自己探究到该领域的底层逻辑，并掌控它，这样才能在该职业领域真正做到游刃有余。

三是尽可能深入了解自己身边的人，确保自己和更加优秀的人共事，同时需要重视自己的职业声誉，保证自己能在职业领域内获得企业之外的他人认可与信任。

四是要多和志同道合的人合作、共事，掌握好一门独属于自己的"技能"，以此为跳板成为职业领域内的引导者和评价者。

☞ 跨越职业倦怠的障碍

当个体进入职业生涯 20 年左右，成为高级专业人士后，却可能难以找到提高到顶级专家的道路，还可能会进入一种非常艰辛的状态，即被卷入职业倦怠期无法自拔。

顾名思义，职业倦怠期就是一个人在某个职业领域连续工作了 20 年左右，虽然在该专业领域已经成为佼佼者，能极为娴熟地解决各种专业性问题，但是长久以来一直在同一个专业领域工作，甚至所遭遇的问题都时常重复，于是进入了一种容易出现职业倦怠的时期。

个体会感觉自己在这个领域内好像没有什么可提高、可学习的，长久如此，个体就容易感觉自己的内在资源一直在不断损耗，却又无法得到补充，从而导致工作自主性降低；甚至有时个体因为一直在擅长的领域工作，经验丰富，能力又极强，但所负责的工作方向对自己而言又没有足够的挑战性，所以根本无法充分发挥自身能力。

进入职业倦怠期的个体会认为，自己已经在这个专业领域走到了尽头，即使能帮助他人解决专业领域内的各种问题，但已经再也无法获得足够的满足感和成就感了，甚至会对相同的工作产生厌倦感。

当有这种感觉后，很多人选择尽可能脱离原来的环境，让自己在一个全新的环境中重新获得生机和热情。殊不知，如果在做出这种选择前没有充分的准备，就很可能会让自己的职业生涯陷入泥沼之中。

最近，老赵进入了一家企业，负责教育咨询。刚刚换了工作环境和工作内容，他感觉自己的心情终于阳光起来，仿佛工作的激情重新归来了，每天接触的都是新鲜的面孔，同时新颖的工作内容也让老赵感受到了久违的挑战性。

不过这种状态并未持续太长时间，已经 50 多岁的老赵在工作半年之后，发现教育咨询工作根本不适合自己。

原来，老赵本是一名教师，在校园内兢兢业业工作已经近 20 年，本来已经成为自己教学领域的一名高级教师，负责带领年级相关科目的教学突破工作，可因为每日忙碌的内容千篇一律，仿佛一直在机械地讲解各种内容，没有任何新意和突破感，所以他逐渐进入了职业倦怠期。

老赵渴望变化，渴望重新找到工作的激情，于是在他人的介绍下，关注了几天教育咨询，有数家企业也对经验丰富的老赵抛出了橄榄枝，并详细说明了教育咨询工作的状态：时间更加自由，接到咨询项目还可以获得很高的项目奖金，而且这类项目更容易发挥老赵的经验价值和能力。

当时老赵感觉新工作机会非常适合自己，毅然决然地离开了学校。前期，他感觉很新颖，可后来发现当手上有项目后，时间变得更加不自由，因为客户很可能随时找过来对接项目；客户性格天差地别，要求也截然不同，项目方案通常会陷入无限期的修改之中。

甚至，因为很多项目客户对教育领域的发展状态毫不了解，总会提出一些根本无法实现的要求，这就导致老赵那丰富的教学经验根本没有用武之地；同时，老赵的教学实践能力也根本无法发挥。教育咨询工作更多时候靠的是项目策划能力和客户沟通能力，这些老赵本就不太擅长。

一段时间之后，老赵不得不面临被淘汰的命运。

案例中的老赵，在成为高级专业人士后，为了摆脱职业倦怠期做了一个错误的决策，最终无法在自己的职业生涯道路上继续前行。

要知道，任何人都会出现职业倦怠期。因此，在渴求跳出这个怪圈之前，个体必须进行慎重的思考。需要明确的是，个体如果想跳出原来的职业领域，进入一个新领域，那么就必须对新职业领域做出科学评估。一个全新环境、一个全新职业领域所需要的专业技能和知识底蕴很可能相比原岗位有所变化；新领域中的工作流程也发生改变；没有了配合默契的老朋友，个体甚至需要独自抵御时不时出现的孤独感。

在这样的背景下，个体最好能审慎思考，即使要跳出原有工作领域，也需要在新的职业领域选择最适合自己的岗位，最佳的选择自然是同样的职业范畴，所需专业技能和知识底蕴相仿，甚至是自己较为熟悉的企业氛围和环境，能和你的人脉形成连接，从而可以借助他人的力量更快切入一个新领域，并迅速站稳脚跟。

超凡蜕变：从平凡到卓越

任何一个拥有追求、具备事业心的新职场人，都不希望自己一直平凡下去；即使是以平凡人的身份入职，他们也渴望自己能在职业生涯中蜕变成为一个超越平凡的高成就者。

☞ 寻找属于你的飞轮效应

所有走向卓越的人，都受到了飞轮效应的影响。飞轮效应是由美国管理学家吉姆·柯林斯提出的，他认为所有的卓越的企业中都存在飞轮效应，而在个人职业生涯发展的过程中，很多卓越人士同样受飞轮效应的影响。

这一效应简单来说就是，无论是企业还是个人，只要在发展道路上行进，都会围绕一个核心节点，形成如同"飞轮"之物，企业或个人借助不断出现的内在动力，推动飞轮滚动起来，只要核心节点不出现偏移，内在动力一直不断地供应，那么这个飞轮就会越来越快，从而带领企业或个人达成卓越的成就。

从职业生涯规划的角度来看，其核心节点是准确又明晰的职业定位。前面也曾经提到，职业定位在职业生涯中属于人生战略的范畴，它是指引我们寻找到职业方向的重中之重。

当你明确了职业定位，寻找到清晰的职业方向，你就需要朝着这个方向不懈努力。在努力的过程中，只要你不断积累经验、强化技能优势，借助各种工作成就来激励自身，就能获得源源不断的内在动力，从而继续推动你向着正确的职业方向前行。

只要你确保核心不变、方向正确，就可以不断循环这样的过程，最终让你的飞轮越转越快，从而在飞轮的引领下实现超凡蜕变，成就卓越人生。带你走向卓越人生的飞轮就如同自行车的轮子一样，转动第一圈的时候，通常需要耗费巨大的力量，整个前期加速的过程，也需要不断加强力量，但是当飞轮转动起来后，你会发现自己在通往卓越人生的道路上，前行速度好像越来越快。

几年前，一部横空出世的东方动画电影映入人们的眼帘。这部动画电影题材源自东方神话，走的是有血有肉的命运路线，特效精良且剧情紧凑，上映首日票房就超过了 1 亿元，全球总票房更是超过了 50 亿元，这就是 2019 年上映的《哪吒之魔童降世》。

这部高品质、高回报的动画电影，离不开背后的一众工作者，尤其是导演饺子的努力和拼搏。他对动画电影卓越品质的高要求，促使电影走向了成功，而这背后，离不开饺子在职业生涯中追求卓越人生的飞轮效应的影响。

饺子从小就非常喜爱绘画，小时候的梦想是成为一名漫画家、动画家。但因为受到从医父母的影响，以及考虑到社会现实，他进入了一所医科大学就读。虽然如此，他对绘画的喜爱并未减少，一次偶然的机会，他的一位同学转了专业，去学自己喜欢的软件专业，这一举动对饺子的影响很大，他感觉，好像应该努力追逐一下自己的动画梦。

于是，饺子做出了人生中最重要的一次职业决策，他放弃了医学专业，转学动画。但是，他在自己就读的医科大学，根本没有学习动画的机会，所以他只能靠自学。这一决定，让饺子遭到家人乃至外人极为不解的质疑。

当时的互联网技术还处于初级阶段，中国的漫画行业并没有光明的发展前景，饺子不断自学各种动画专业技术，不断摸索和钻研，终于在毕业的时候达到了相对专业的水平，独立完成了一部动画短片，并进入一家动画广告公司任职。

面对外人的不理解和质疑，饺子也憋着一口气，他在动画广告公司工作的同时，开始在家中打磨属于自己的作品，一帧一帧不断完善自己的动画，终于在 3 年之后，打磨出一部 16 分钟的短片《打，打个大西瓜》，并斩获了数十项大奖，一战成名。

当时国内动漫领域发展依旧低迷，饺子虽然借助自己的拼搏和努力，成功打消了他人的质疑，但是生活依旧窘迫。为了继续追求动画梦想，他在之后的几年一直以动画外包等商单谋生，一直没有放弃学习和提升。

直到 2015 年，饺子获得了一个机会，他获得了投资支持。之后的 5 年时间，他和一群志同道合的同事共同努力，终于打造出了《哪吒之魔童降世》，并真正走上了卓越之路。

上述案例中，导演饺子从大学开始就寻找到了属于自己的职业飞轮。他追随自己内心的声音，在大学时期就明确了自己的职业定位和职业方向，并开始坚持不懈为之奋斗。前期，飞轮的旋转极为艰难，但是他凭借着毅力和坚持，终于挺过了一关又一关，并不断以动画梦想为动力，推动着飞轮越来越快地转动。

☞ 实现 10000 小时的锤炼

发现你的职业定位，明确你的职业方向，获取你的前进动力，只是能让你的职业飞轮转动起来，让你拥有追求卓越的有效手段，但想要实现从平凡到超凡的蜕变，最终成就卓越，你还需要进行长期的积累，要持之以恒、坚持不懈、长久训练。

正常情况下，只要方向正确，并不断前行，总有一天你会到达渴求的终点，但这里还有一个前提，那就是能坚持不懈地在这条方向正确的道路上自我锤炼。

针对卓越成就人士的统计发现，想要成为顶级专家，除了方向正确、不断努力，还必须进行长久的训练，这样才能成为某一个领域的顶级专家。这个"长久"所指代的时间，平均为 10000 个小时。

研究显示，无论是作家、运动员，还是作曲家、钢琴家，抑或顶级技术人员、机械操作人员等，要想成为特定领域的佼佼者，乃至引领该领域发展，都要接受 10000 个小时的锤炼。

10000 个小时到底有多久呢？如果你每天用 4 个小时的时间工作，专注于同一个方向，多年如一日，除法定节假日和休息日，也需要 10 年才能达到 10000 个小时。这还是在方向极为明确、职业定位极为清晰的情况下。如果按常规情况分析，明确职业定位、确定职业方向，也许就需要数年时间，之后的每日坚持，还需要兼顾生活与家庭、健康与心态，最终可能至少需要 20 年的时间，才能达到 10000 小时的坚持和积累。

按照从 25 岁正式开启职业生涯计算，相当于个体至少要到 45 岁，才有一定可能从平凡蜕变为超凡，才有一定可能成就卓越。也正是受 10000 小时锤炼的限制，很多卓越人士直到 50 岁之后才崭露头角。

所以，在进入职业生涯之后，要想追求卓越，让自己从一个职场新人逐渐蜕变为顶级专家，就必须拥有坚持不懈、不畏艰辛的决心，并不断在同一个行业和职业领域接受时光的磨炼，以不断增加的经验为底蕴，以追求卓越为动力，推动自己不断前进，最终"二十年磨一剑"，才可能真正蜕变成功。

第八章
品牌塑造·打造"个人名片"

成为真正的能人

在职业道路上，任何人都渴望打下一片天下，即使做不到，至少也需要获得越来越多人的认可。这就涉及个人名片的打造，也就是着力塑造属于自己的"品牌"。

有一种非常受人追捧的个人名片，其被放到哪个位置都令人瞩目，那就是在职场时常会听到的"能人"或"大拿"。有时，企业的创建者在遭遇企业困境时，最常对人力资源部门的人提出这样的要求："给我找到一个能人。"听起来简单，但真正寻找到能人，并没有那么容易。

☞ 何为能人

那么，到底什么样的人才能算作能人呢？这真是"仁者见仁，智者见智"。通俗讲，能人就是特定职业领域或行业的顶级专家，能够将绝大多数的困境和问题以高效的方式化解。

能人可以带领一个企业或团队跨越各种障碍，而且任何团队都能在他的带领下，充分发挥出潜力并团结一致，解决团队中的个体以前根本不敢想象的难题。

能人就是顶尖人才，能在某个研究领域不断攻坚克难，成为该研究领域中所有人的风向标，甚至能引领该研究领域的发展方向。

老牛在校期间学的是技术专业，因此毕业之后先是进入了一家公司做生产技术专员。一段时间后，公司开发出新产品，正式在全国开拓业务。老牛学的是技术，但是对产品市场也有很敏锐的洞察力，沟通能力也非常不错，所以决定尝试一番。

没想到，老牛进入业务领域后，竟然察觉到了自己的天赋所在。他能很快感受到所接触人员的特点，同时凭借对产品市场的敏锐感触，快速了解相关业务的特性，高效整合各种资源。

老牛开始着力提高自己在业务领域的能力。经历了很多挫折和困难之后，他的业务能力得到了极大提高，公司新产品业务的市场也得到了极大开发，而作为开拓者，他自然成为公司的业务骨干。

在开拓业务的过程中，老牛也在不断了解公司的发展态势和方向，并以主动积极的态度，不断提高多领域的业务能力。几年之后，公司壮大，他也成为公司产品业务领域的负责人。

在带领产品业务团队时，老牛充分发挥自己的识人天赋，不断锤炼协调能力，手下的业务团队配合良好，每个人的能力都得到充分发挥，整个部门的业务开展得如火如荼。

有一次，公司的营销业务部门出现了巨大问题，营销业务主管引咎辞职，老牛临危受命，被调到营销业务部门解决问题。进入该业务领域后，老牛通过半个月的时间，对业务特性和团队中的人员一一了解，快速整合了部门内各种资源，很快就发现了部门问题的根源。

之后，老牛通过群策群力，很快找到了解决问题的最佳方案，营销业务部门也得以重焕生机。

随着公司的发展，内部的业务领域也越来越多、越来越细化。老牛因为能力出众，被公司多次调任，每一次调任后面对新业务方向所遭遇的问题和困境，他都能很快分析并提出解决方案，同时内部团队中各员工的能力也会得到充分发挥。只用了几年的时间，老牛就成为公司业务领域的一把手。

案例中的老牛，就是真正的能人，只要有他的参与，各种问题就能得到解决；他所带领的不同团队之中的不同员工，也都能尽可能地发挥自身的才能，挖掘自身的潜力。

真正的能人，在特定的职业方向和领域拥有巨大的能量，他们在自我的四个基本维度上做到了平衡发展，并尽可能地挖掘出了这四个维度的潜能。

在智慧层面，他们会不断学习新事物，并运用不断增加的知识底蕴，解决遇到的各种问题和困难。所以，他们能支撑起不同领域乃至不同行业中的引领性工作。

在内心追求层面，他们拥有极为清晰的职业方向和定位，也有属于自己的梦想和期望，并以此为核心，引领自己不断向正确的方向前行。

在社会交际层面，他们能很好地控制自身的情绪，并能快速与他人共情，从而可以正确对待他人，并借助共情引导和调和彼此的关系，最终成为团队氛围的引导者和把控者。

☞ 成为真正能人的路径

通常，个体如果在一个职业领域或一个行业打拼十几二十年，只要职业方向和职业定位一直极为鲜明，拥有非常清晰的职业使命和人生追求，大多能成长为该领域或行业的高级专业人士。

那么，该如何在此基础上为自己打造出能人名片呢？这就需要你挖掘出自己到底在哪方面还存在欠缺。比如，从个体自我的四个基本维度来看，如果想成为高级专业人士，那么在智慧和能力层面都不能有太大的缺陷，否则将无法支撑起相关职业领域的成就。

个体如果已经拥有了足够清晰的职业定位和职业方向，那么在内心追求层面通常也不会出现偏差，这一点是非常重要的，毕竟内心追求既是个体前进的指路明灯，也是成为高级专业人士的核心基础。

当你在职业道路上调整了自己的职业定位和职业方向之后，要想成为真正的能人，你就需要及时洞察内心的追求，以便明确自己的前进方向。

同时，你还需要锤炼自己的交际沟通能力，和团队、合作者顺畅沟通，并且通过交际能力整合各种资源，这样才能打造出属于自己的能人名片。

霍总毕业后打拼了差不多20年，现在已经是公司的管理高层了。又因为他是技术员出身，毕业后最初的职业方向也是技术，在公司兢兢业业十来年，他成为公司技术部的顶梁柱。

后来，霍总所在的公司受到市场冲击，技术员出身的他被紧急调往业务部挽救市场，凭借扎实的技术底蕴以及完善的工作人脉，他帮助公司转危为安，同时被公司提拔为副总裁，专门负责市场对接业务。

本来按照公司的培养趋势，霍总应该会向公司引领者的方向发展，即最终成为参与探讨、确定公司发展方向的决策者。可恰好前一段时间公司技术研发方向遭遇了巨大难题，为了解决这个难题，公司耗巨资收购了一个技术研发实验室，其中包括设备、人员和研发成果，但收购之后才发现，公司的技术研发领域依旧有很多难关无法突破。

虽然公司的高层没有单独找过霍总，可技术员出身的他，很清楚公司如今面临的困境，这就导致他面临内心拷问，那就是自己的内心追求到底是向哪个方向发展。

按照霍总如今的发展趋势，他未来的职业方向必然是带领公司的头号人物。可是深思一段时间后，他再次对自己进行了剖析，挖掘和听取了内心深处的声音，发现自己还是渴望登上技术领域的巅峰，在公司管理领域发展的欲望则并不强烈。

原来，早在高校期间，霍总就渴望在所学技术领域完成从零到一的突破，引领相关技术一骑绝尘，成为全球范围内的领头羊。进入公司的前期，他也一直在朝着这个方向努力，但恰好公司市场业务领域出现问题，霍总不得不挑起重任"救火"，直到公司转危为安。

深思熟虑之后，霍总主动向董事会提出，自己决定辞去副总裁职位，下沉到技术部门，继续深挖技术研发，并言明自己渴望在该领域深入发展。公司同意了他的请求。

几年之后，霍总成为该技术领域的国内顶级专家，时常带着研发项目在全球范围内攻坚克难。又过去几年，霍总成为国际范围内该技术领域的领头羊，甚至借助公司的平台，延伸出多个发展项目，成了公司必不可少的首席技术官。

上述案例中，霍总之所以最终能成为公司中的能人，就是因为他在面对职业生涯发展趋势和内心追求不匹配时，及时察觉并对自我进行了剖析，明晰了自己的内心追求，也明确了自己的职业未来，最终让自己的优势得到充分发挥，以能力和特点为支撑，自然而然地打造出亮丽的名片，成了大家眼中的"能人"。

当你在职业领域打拼一段时间，拥有了自己独有的优势和特色之后，你同样可以成为能人，但前提是需要找准自己的缺点，尤其是自我四个基本维度层面的短板，并运用手段将其补齐。

强化你的职业使命

在职业道路上，要想塑造独属于自己的品牌，打造个人名片，最重要的任务就是找到自己的职业使命，其由职业价值观凝聚而成，是职业追求的底层逻辑。

☞ 职业领域的价值追求评测

在职业领域，个体的价值追求不仅会影响职业生涯发展，还会影响内心的追求方向。从整个社会来看，个体在职业领域的价值追求主要包括三个方向。

其中，中间位置是绝大多数人追求的方向。有这种追求的人可以称为平衡者，也就是普遍存在的"打工人"；这种价值追求是通过恰当的劳动换取合适的报酬。

这种价值追求最基本的特点就是通过工作获取工资，个体会运用自己拥有的知识、能力、技巧，付出相应的时间和精力，以便换取相应的经济报酬和精神满足。个体最终渴求实现的就是多劳多得、按劳分配，技能、知识、技巧越多，运用得越娴熟，时间和精力付出得越多，得到的报酬也就应该越多，从而实现一种社会层面的动态平衡。

平衡者的左右两端，则是两种截然不同的价值追求方向。其中一端，个体在价值追求方面更倾向于用更少量的付出，获得更多的收入，因此抱有这种价值追求的个体也被称为索取者。

索取者并非道德层面的一味索取，他们最基本的特点是渴望通过"机会发现和抓取"，获得"快速收获"的结果，拥有一定的以小博大的心理趋势。在相当长一段时间里，通过倒卖商品来赚取差价的人，多数就属于索取者。

平衡者的另一端，个体在价值追求上更倾向于多付出，对回报的要求并不高，这种价值追求最基本的特点是满足内心深处的精神需求，以奉献的方式获得心理满足感，因此抱有这种价值追求的人也被称为奉献者。

奉献者通常具有更高尚的追求，或者渴望通过自己的努力和付出，促使某一领域或某一区域趋好变化；或者期望通过自己的奉献，让社会、国家乃至人类的某一方面更具影响力。

上述三种价值追求，完全可以被影响、被培养，或者说这些价值追求很多时候会和个体的成长环境、家庭教育、社会教育体系有关。比如，20世纪中叶，中国百废待兴，老一辈人在价值追求上就属于奉献者，他们不求过多回报，只希望发挥自己的能力，为整个中国、整个社会的发展贡献力量。

也正是这无数不计回报的付出和奉献，才最终让我们的国家和社会挺过了最艰难的阶段，从而苦尽甘来，得以快速发展和蜕变。

在那个年代，绝大多数奉献自身力量的个体，文化水平普遍偏低，也可以说在智慧和能力层面没有太高的水平，甚至身体也因缺乏营养而不够健康。但是，在内心追求上，他们却让如今的很多人望尘莫及。

又如，20 世纪 80 年代，一大批人从本来安稳的工作岗位中跳出，为了推动国家经济快速发展，毅然决然选择下海经商，为国家的经济崛起奠定了扎实的基础。其中的大部分人同样属于奉献者，他们在价值追求上更偏向为国家经济的发展铺路，并不太在乎到底会得到多少回报。

21 世纪以来，绝大多数人以平衡者的价值追求在职业领域谋发展，社会同样鼓励平衡者，从而形成了多劳多得、因劳而获的价值理念。

相较于平衡者的价值追求，两端的两种价值追求较为极端，在当今社会价值观念改变的时代并不太常见，但在平衡者和索取者、平衡者和奉献者的价值追求之间，还各有一种价值追求。

其中一种是平衡者与索取者之间的，拥有这种价值追求的人更偏向索取，渴望通过较少的付出换取较大的回报，如商人，最基础的特点就是渴望追求名誉、财富、社会地位。

而另一种则是平衡者与奉献者之间的，拥有这种价值追求的人更偏向奉献，具备更加高尚的社会价值理念，渴望通过自己的奋斗，引领一部分人去实现为社会减负、为经济付出的目标，促进世界自然环境更加和谐，使大部分人更加幸福。当与职业发展融合后，这种理念就会升级为职业使命，亦即如今社会中真正的企业家的价值追求。

☞ 从商人到企业家

不同时代的社会中，不同价值追求之所以会并存，并且有所偏重，很大程度上与社会价值取向的变化有关。正如改革开放之前，因为我国百业待兴，当时的生产力较低，为了推动社会更快发展，绝大多数人的价值追求就更偏向奉献。

而到了 20 世纪 80 年代后期，释放劳动力、提升生产力、盘活中国经济成了主要社会价值取向，各领域的商人自然涌现。他们只需要更多产出、更快赚取附加值，就可以有效推动社会经济发展，因此以赚钱为主要目的的商人开始大批出现。

商业和经济发展的最终目的是满足人类需求，推动社会进步。随着商人的增多，社会经济开始快速增长，当生活压力变小，社会经济的发展趋于平缓之后，20世纪末期，一大批拥有企业家精神的创业者开始出现，他们渴望通过自己的才华和付出，为社会带来更多创新性的贡献和变化，渴望通过企业的付出推动社会的进步和发展。

如今，社会价值又一次发生改变，社会期望更多拥有企业家精神的创业者出现，这才是社会的进步。只有当社会价值从获取财富逐渐转变为创造财富时，社会文明才能在原基础上不断进步。

在这样的背景下，个体的职业生涯发展、价值追求也就变得更加偏向奉献。也就是说，在如今的社会发展需求下，社会需要更多企业家诞生；而对于个体而言，内心追求因素的影响就会更加明显，个体需要拥有更加契合社会发展的职业使命感。

当个体在职业道路上逐渐达到管理者层面，这时个体就需要注意使自身的职业使命与企业的愿景相一致或相类似，这样才能让企业有更好的发展，促使自身与企业一起快速成长。

也就是说，当成为企业管理者时，个体就应该有效强化自身的职业使命，并尽可能让职业使命与社会价值需求相匹配——成为更像企业家的存在，这样才能更好地实现社会价值，从而推动企业成为引领社会发展的标杆。

散发你的个人魅力

通过观察周围的人，我们会发现有些人不仅在职业领域一骑绝尘，还拥有极为鲜明且让人感觉舒服的个人魅力。很多时候，这种独特的个人魅力就是个体的一张名片，甚至能成为个体极为鲜明的个人品牌。

部分个体在工作一定时间后，会因为具备极强的专业领域能力以及强悍的解决问题的能力，获得职位提升，如成为企业内部的高级管理者等。但是，个体成为高级管理者之后，如果仅仅拥有足够的解决问题的能力，是无法真正服众的，毕竟作为管理者，必须具备带领团队继续发展的能力。

☞ 职场中的个人魅力

个体要想成为匹配位置的管理者，就要学会带领团队、激励下属，并培养下属与其他部门协作，与上级、外界沟通交流，这些都属于管理者个人魅力的范畴，与个体的领导力、情商的发展息息相关。

甚至可以说，个体解决问题能力的大小、专业技能水平的高低决定了个体是否可以得到晋升机会，而个体在晋升之后能否继续快速发展，则取决于他的个人魅力。

前一段时间，郑总在和另一位公司的老牌管理者竞争时获胜，被提拔为公司的副总裁。盘点两人的情况，他们的能力可谓相差无几，甚至老牌管理者的能力更加稳健，唯一不同的就是郑总的个人魅力更高一筹。

老牌管理者有一个不太好的习惯，就是本来能简单处理的问题，他容易倚老卖老，这做法饱受员工诟病。

　　郑总则截然不同，他习惯于和员工交心。他凭借识人能力和用人能力，挖掘出几个强有力的助手，并引导部门员工更清晰地认识各自的优势，使他们明确自己的职业发展方向，大家都非常亲切地称郑总为"引路人"。

　　随着郑总不断挖掘人才进入队伍，他所带领的小部门也逐渐发展成了大部门。在奖惩方面，他从来都是有功必奖，有错必罚，当部门任务出现问题，他会担起最大的责任，不遗余力帮助手下员工弥补失误；当部门获得公司奖赏，他也会依据不同贡献公平公正地给予员工奖励。

　　在郑总的带领下，他的部门一直在不断突破局限，连带着团队各个员工的能力和优势都有了极大强化。在管理手下时，他也是对事不对人，即便有些任务之所以出现拖拉和问题，是因为某个员工能力不足，他也总是鼓励员工提升，并竭尽全力协调、辅助员工完成任务。

　　工作中，时常需要与其他部门协作。郑总汇报工作时从来不会忽略协作者，更不会大功独揽，这种极具智慧和个人魅力的做法，使他在整个公司的口碑极好。后来，他开始兼任公司的内部运营主管。

　　他的竞争者便相形见绌了，尽管资格老、能力强，但是在寻求协作时以势强压，自然无法得到他人的支持。

　　就这样，郑总一步步从小部门领导成长为部门管理者，之后兼任内部运营主管，最终凭借个人魅力成功升任副总裁。

　　案例中的郑总之所以能在激烈的竞争中成功战胜对手，一方面是因为他有足够的能力，可以匹配副总裁岗位；另一方面是因为他拥有极强的个人魅力，情商高且智慧高，从而实至名归。

　　无论是部门内部的管理，还是整个公司的协调管理，抑或与其他人打交道的水平，郑总都表现出了极高的情商和个人魅力，自然而然就成了公司不可或缺的人物。

☞ 提升个人魅力的方向

在职场领域，个人魅力通常与情商息息相关，而很多提升个人魅力的领导技能也是以情商为基础的。我们可以将情商拆解为不同的维度，个体可以根据不同维度的评价，了解自身哪方面有所欠缺，并进行针对性训练，从而有效提升自身的领导力与个人魅力。

一是情商中的自我情绪调节，其源于个体对自身情绪的掌控力，对应的是领导力中遇到各种问题、事件都可以保持稳定情绪的能力。只有拥有此种能力，个体在管理团队的过程中情绪才会稳定，并保持良好的思维状态。

二是情商中的情绪管理，即管理团队氛围和团队成员情绪的能力，这是以自身情绪调节为根基、以感染力为手段的一种能力，对应的是领导力中影响他人的手段，通常会以表现、行为、沟通等方式展现出来。个体如果拥有这种能力，就能直接影响乃至掌控团队所有人的情绪，并影响客户和消费者的情绪。

三是情商中的乐观精神，对应的是领导力中不断保持积极情绪的能力。这种积极情绪不仅能让个体更好地掌控自身的负面情绪，使自身保持高涨的情绪和积极的态度，还可以通过感染他人，确保团队保持积极向上的工作态度。

四是情商中的乐观与悲观共存的精神，对应的是领导力中前瞻与未雨绸缪的能力。这里的乐观是个体对未来发展的乐观心态，借助这种心态，个体既能在社会中发现更多机会并有效捕捉机会，又能有效激发团队的士气，推动团队成员共同奋进。与乐观并存的"悲观"则能让个体一直保持警惕心态，从而避免过分乐观导致不够谨慎。社会中呈现的机会通常会与危机同时存在，当捕捉到机会时，相应地也需要承担其背后的风险，只有保持警惕心态，才能确保团队在开发机会的过程中不被表面状态蒙蔽双眼，也才能有效规避风险。

五是情商中的压力管理，对应的是领导力中管理外界压力、内部心理压力的能力。管理者通常需要承担整个团队以及相关项目的责任，甚至还需要承担该项目对社会造成影响后的责任，这无疑会让管理者产生巨大的压力。

压力管理能让管理者在遇到压力时，及时将其转化为各种动力，并源源不断地供给到行动中，并有效缓解团队中每个个体感受到的压力，从而改善团队行动氛围，确保团队可以保持良好心态面对一切挑战。

六是情商中的同理心，对应的是领导力中的及时放权、授权、分派任务和压力分摊能力。管理者所带领团队中的不同员工会有不同的优缺点，只有具备足够的同理心，管理者才能清晰地感受和了解事件、任务的轻重缓急，并针对不同的人授予对应的权力，以便任务和工作能顺利推进。

七是情商中的适应性，对应的是领导力中快速适应不同环境、氛围，快速融入新人际环境、有效调整自我状态并形成影响力的能力。只有具备足够的适应性，管理者才能在各种环境条件下一直保持前进的步伐，才能快速影响周边的人和事。

八是情商中的果断性，对应的是领导力中快速决策并行动的能力。在职业生涯中，职业机会和商业机会时常会出现。当机会出现时，如果没有足够的果断性，将无法抓住机会。这就要求管理者必须具备非常稳定的情绪，排除其他人情绪的干扰，从而根据所知信息和各种推论形成自己的判断，实现快速决策。

九是情商中的激励性，对应的是领导力中因人而异地给予对应激励奖赏、提升团队士气和激发团队潜能的手段。不同的人、不同的团队会有不同的想法和渴求，只有深入了解各种需求，理解不同想法并接受，同时给予对应的肯定和奖励，才能让更多人才进入团队，并帮助团队解决各种问题。

上述九个情商维度，都和最终形成的个人魅力息息相关。对此，个体可以根据维度分析，明确自己到底在哪个维度还有欠缺，及早补全，提升自身魅力，形成个人品牌。

扩大你的最强优势

每个人在职业道路上都会遇到一些资源、能力、条件等极为相似的人，但他们最终很可能会走上截然不同的职业道路，这在很大程度上是因为他们在关键节点上做出了不同的决策。

如果在关键节点，你能放大属于你的最强优势，尽可能将其发挥出来并予以完善，继续沿着所规划的职业道路稳步前行，那么你必将在属于自己的职业路上越走越顺畅、越来越成功。

前提是你必须知道自己手上到底有什么牌，还需要借助自己的手将牌打好。如果能合理运作，哪怕是一手普通的牌，在机会允许的情况下，也能成为好牌或获得翻盘的机会；相反，如果牌主没有把握住机会，没有将优势充分发挥出来，那么原本具备优势的牌最后也可能变成一手烂牌。

☞ 分析你手上的牌

先来看一下以下场景。

小苏和小秦同属于同一家企业的同一个部门，彼此能力相仿，年龄相当，都是该部门的中流砥柱。在两人拥有独立支撑企业项目的能力后，企业决定给予两人一次机会。

企业正值发展高峰期，打算在另一个稍微偏远的城市开设二级分部，开拓企业在当地的市场，于是便将这一信息透露给了两人，并期望两人能主动且积极地报名，因为这的确是一个发挥能力和提升经验的好机会。

小苏并未直接从职业生涯发展角度去分析自身的特点和优势，而是决定以家庭为根基。妻子认为孩子还小，要去的地方有些偏远，肯定无法照顾家庭，还可能会影响夫妻感情。于是小苏慎重考虑两天后，决定不报名，也就相当于放弃了这次机会。

在小苏向企业告知自己决定的时候，小秦早已经主动报名了，他在感激企业给予这次机会的同时，还提出要为企业的发展贡献自己的力量。

小秦进入二级分部后，充分利用自己的项目经验，发挥自己的优势，很快就在当地开拓出一大批新客户，几年之后荣升为分公司的副总经理。任期结束后，小秦被重新调回总公司，填补了项目部经理的空缺。

在总公司项目部，小秦一直努力维系分部的客户关系，同时拓展了很多相关的项目，为公司带来了更好的收益。过了几年，恰好分公司总经理退休，小秦因为有在此地任副总经理的工作经验，同时对当地项目和客户情况了如指掌，所以被提拔为分公司的总经理。

小秦一直对当地项目极为了解，任分公司总经理时，他发现在当地完全可以开拓新业务，而且借助自己手上的资源和人脉，肯定可以快速打开市场。经过慎重考察和研究，他将新业务开拓方案提交到总公司，获得总公司领导的一致认可。

短短几年，小秦带领的分公司业务额大幅提升。小秦在40多岁的时候，因为成绩出众，直接被提拔为总公司的副总裁。

拒绝这次机会的小苏，继续在原部门努力。因为总公司发展迅速，竞争压力极大，小苏对自己的职业生涯规划并不清晰，逐渐泯于众人。

案例中的两个人，最开始的差别其实并不大。两人之间的不同就在于，小苏未曾考虑自己的职业路径和发展，只是着眼于眼前，稳住了家庭，却失去了一次关键节点的机会。

小秦则深入分析自身的情况，清楚自己手上到底有什么牌。他知道，公司总部人才众多，自己虽然拥有能力和经验，但晋升难度大、机会渺茫；分部虽然刚刚设立，但自己拥有独立支撑项目的实力，完全可以在一个新岗位充分施展自己的能力，还可以通过开拓项目，获得重要的经验，甚至能以此为跳板，成功实现职业生涯的快速跃升。

就这样，一个看起来不起眼的决策，让小苏泯然于众，让小秦成功展现了自身的才华和能力，甚至成功实现了蜕变。

☞ 扩大你的优势

有一部分职场人在 30 岁乃至 40 岁时，依旧默默无闻，但是在 40 岁之后，却能一鸣惊人，猛然间获得巨大的进步。

其实，这类"选手"就属于职场中的长跑者，他们在职业生涯前期一直处于不断积累和完善的过程，当到了某一个阶段，自身最强的优势终于得以发挥，所以他们才会一鸣惊人。

小杨在大学期间学的正是自己非常喜欢的专业，但毕竟还有很多其他科目，所以他的学习成绩并不是最优秀的。在性格方面，他比较内向，最喜欢的就是独自待在实验室里进行专业研究。

相比较而言，小杨在智慧维度并不出众，无论是在学习方面，还是在综合素质方面，他都和真正的天才相差甚远，可以说除了在专业领域兴趣浓厚、善于钻研之外，其他方面存在巨大的短板。

同时小杨并不太善于沟通交流，在交际方面也没有天赋。等到毕业的时候，他的同学大多离开校园，进入了各地的企业，只有他留在学校任教，并开展专业研究。

几年之后，小杨考取了该专业的研究生，并借助研究项目获得该专业领域多位技术大拿的青睐，逐步进入本专业的深层研究领域。20 多年后，他终于靠着扎实的研究底蕴，在该专业研究领域实现了重大突破，成为该专业领域的顶级研究者。

案例中的小杨，最开始毫不起眼，在智慧和能力维度都属于中等水平，甚至在交际维度还处于中下水平，但是他非常清楚自己的优势在哪里，因为喜欢自己所学专业，热衷于研究和开发，所以在进行职业生涯规划时选择了留校，从而借助校园的研究项目和实验设备，最终实现了优势的不断积累。

几十年如一日的潜心研究下，小杨的最强优势不断扩大，最终充分发挥出来。其实，这是他数十年积累优势的成果。

除了这种在进入职业生涯时就对自身优势有清晰了解，并坚持不懈地进行优势积累和扩大的情况外，还有一种情况，即随着职业生涯的发展，逐渐了解到自身优势和缺点，并以扩大优势的方式，弥补自己的缺点，从而推动自己的职业生涯快速发展。

老任一直在餐饮管理领域深耕不辍，45岁时开了一家集娱乐与饮食于一体的农家乐。他性格温和，在餐饮管理领域多年深耕，练就了非常出色的倾听能力，共情力很强，也非常喜欢学习各种新技巧。

正常情况下，老任不会和农家乐的厨师、服务员生气。但是有一次，他在清点食材和对账的时候，发现食材损耗巨大。根据调查，原因是一名大厨在这段时间浪费了很多食材。

老任查出问题后，及时召集农家乐所有人开会，并在会议上毫不留情地点破了不负责任大厨的做法，还对大厨予以公开的惩罚。这之后的一段时间，农家乐依旧和和气气，接受惩罚的大厨也没有过多反驳，工作态度也有了一定的改善。

后来有一位农家乐的老员工问老任那天为什么那么严肃，还对厨师公开批评和惩罚。老任则语重心长地说，自己原来一直和和气气，毕竟做餐饮管理需要把控好自己的态度和情绪，可是，管理一家农家乐和酒店餐饮管理有所不同，太过温和的态度根本无法在员工心目中形成威严感。

可是，老任性格非常温和，还善于倾听，在威严感上有所欠缺。为了经营好自己的农家乐，他专门学习了应该如何与不同性格和状态的人打交道的技巧。在那天事件的处理上，他就是按照学到的技巧硬着头皮进行的，取得了不错的效果。

上述案例中，老任根本不擅长严肃处理一些较为复杂的事件，但是他善于倾听，又善于学习新技巧，所以，他决定用学习技能的方式辅助自己处理各种问题。在这一过程中，老任不仅借助特别的手段扩大自己的最强优势，还通过学习技巧，将复杂问题的处理技巧搬到了管理农家乐方面，从而弥补了自己的缺点。

任何在职业道路上不断前行的职场人，在塑造自我名片的过程中都需要学会扩大自己的最强优势。比如，如果你的职业经验足够丰富，那么你在遇到自身短板时，就应该尽可能用经验和积累的技能弥补短板，以便正确处理问题。

通俗来说就是，当你在职业生涯中必须做一件自己不擅长的事情时，你应该以优势为翘板，尽可能学习对应的技巧和能力，以便激发潜力，充分扩大优势，这样才能在职业生涯中应对各种各样的挑战，从而完成个人品牌的塑造。

第九章
职业转变·做人生的赢家

管理：晋升高级管理者

大多数人规划的职业生涯，是在职业岗位工作一定年限后，能逐步晋升为企业内部的管理者，可以带领团队、部门乃至企业多部门在市场之中披荆斩棘。

这种职业规划主要是以企业晋升为方向的，要想真正成为企业中的少数管理者，就需要先了解清楚，企业之中管理领域到底有何特点。一般在颇具规模的企业之中，管理者的数量约占整体人数的五分之一，而且其中有一大部分是初级管理者。

如果整个企业有 500 人，那么管理者的人数差不多是 100 人，其中初级管理者差不多有 70 人，中层管理者差不多有 20 人，剩下的 10 人则是企业最核心的高级管理者。

无论是中层管理者还是高级管理者，都是企业内部的关键人才，也可以理解为缺失之后会对企业发展产生一定影响的元素。正常的职场人经过长久的经验积累，提升对应的专业能力，锤炼交流沟通能力和情商，都能逐渐成为初级管理者。

当积累的经验足够、人际关系网构建完善后，晋升为中层管理者也会水到渠成。这时，成为中层管理者的职场人（或者是企业内部关键部门的管理者，或者是多团队管理者）后续晋升为高级管理者却难上加难，绝大多数中层管理者会感觉根本无法继续晋升，这种现象就叫作"中层陷阱"。

之所以没有办法晋升为高级管理者，是因为他们在自我的四个基本维度中具有明显的缺陷：或者是他们在智慧和能力层面缺乏对市场、社会经济、行业发展的敏锐洞察力；或者是他们内心追求的目标和方向过于保守，无法应对行业后续可能出现的挑战和机遇；或者是他们无法与企业的高级管理者建立深层信任关系；或者是他们自身精力已经严重不足，无法胜任高级管理者身心高度投入的工作。

也就是说，中层管理者之所以感觉晋升高级管理者后继乏力，是因为自身还有某方面缺陷无法弥补。只要将这些问题了解透彻，并进行针对性处理，那么晋升高级管理者的道路就可能被打通。

☞ 了解管理者的晋升机制

要想打通从中层管理者到高级管理者的晋升渠道，先要了解企业内部管理者的晋升机制。当然，前提是企业必须优秀，其中涉及三方面的条件。

第一方面是企业需要具备良好的价值观，拥有契合社会发展方向和需求的企业愿景和企业目标；第二方面是企业之中的管理者应以内部提拔为主，外部聘请为辅，而且提拔机制要科学有效，注重德才兼备；第三方面则是企业所属行业处于增长期，这样企业才有足够的发展潜力和长久的生命力。

个体进入一家企业之后，多数情况下会从事契合自身专业和技能的专项岗位工作，这时的个体仅仅属于个人贡献者，也就是全凭个人的能力、技能、手段，妥善完成工作岗位匹配的任务。此时的个体需要借助专业能力，为部门、公司交付保质保量的个人成果，完成由部门领导安排的具体工作任务，当然也需要及时与团队协作和沟通，借助公司的平台和工具开展工作。

个人贡献者在企业中积累工作经验，表现出相应的沟通能力和协调能力，并在得到企业管理者认可之后，通常能自然而然地成为初级管理者，这也意味着个体开始从独立工作向团队协作转型。

在成为初级管理者之后，主要的工作任务已经转化为领导团队、激发团队综合能力、协调团队氛围、制订团队工作计划并监督执行、管理团队人员并实行目标管理、培养和发展下属、进行团队工作目标分解和妥善授权、激励人员并推动团队壮大等。

在初级管理者的岗位工作一段时间，磨炼出对应的领导力、解决问题的能力、团队协调能力、团队管理能力之后，如果中层管理者的位置出现空缺，或部门扩张和发展促使内部晋升机会出现，那么拥有足够经验、获得企业高层认可的个体，就可能从初级管理者晋升为中层管理者。

中层管理者可能会带领多个团队，也可能会协调多部门工作。在这个过程中，个体需要对企业的工作流程、业务流程、团队特点了如指掌，并能恰当沟通，以促进项目顺利推进。

当然，让更多员工晋升中层管理者，需要企业拥有良好的发展态势，拥有足够的中层管理者岗位机会。中层管理者的主要工作任务开始逐渐涉及领导力的挖掘和开发，包括贯彻企业战略意图、做出最佳部门发展方案、开发并执行计划等。

这就需要你能掌握企业基本的战略构架，善于利用工作经验解决问题，制定工作过程中解决问题的预案，建立部门的工作计划和目标，正式领导部门或团队，正确分配团队工作和不同人员的责权，合理分配各项资源，提升团队协作效率，选拔和培养拥有接班能力的下属，锤炼自身的辅导技能，成为团队引路人。

从中层管理者向高级管理者晋升，则属于从带领多个团队的岗位晋升到带领企业、参与企业规划和决策的职位。从企业内部提拔起来的高级管理者必须具备强大的专业能力，拥有丰富的行业工作经验，同时能顺畅管理多团队，激发团队潜能，对行业发展、企业发展的方向判断敏锐且正确，具备极强的适应能力，可以很快摸清非专业领域业务流程和团队动向，并能迅速协调和有效激励团队成员。

很多集团型企业从内部选拔高级管理者时，通常会采用轮岗的方式，以验证管理者的跨部门、跨业务管理能力和协调能力。同时，这也是促使管理者快速了解企业运营流程的最佳渠道。

☞ 匹配高级管理者

要想在企业内部晋升为高级管理者，除了必要且扎实的专业能力、适应能力、领导力之外，还需要拥有两项重要的能力。

一项是真正的核心能力，即敏锐的商业洞察力。中层管理者在成为高级管理者之前的晋升路径往往依托于特定的能力，但这容易让人形成特定职业领域的心理舒适区。即很多管理者习惯于某一个领域的管理和业务，当离开这个领域后就会显得无所适从，甚至缺乏相应的商业洞察力，无法在多个业务领域灵活变通实现能力转化。

要想成为真正的高级管理者，就必须走出这个心理舒适区，并认识到获得高级管理者岗位需要面临的挑战，即需要面对各种新局面，如果对有些业务、方向不熟悉，还必须了解哪些可以做、哪些不能做、哪些需要加强，以及哪些需要放权和监督等。

要想获得敏锐的商业洞察力，个体还需要对行业所涉及的各方面内容了如指掌，这样才能快速把握住行业内的各种发展机会。可以说，敏锐的洞察力是高级管理者参与企业重大事件决策的底气。

另一项是引导力，又称为教培能力。之所以需要这项能力，是因为高级管理者不可能在各个领域都游刃有余，也不可能精通所有专业或业务，但是要带领这些专业或业务团队，就必须做到"外行管内行"。

要使高级管理者了解清楚所有相关专业或业务方向根本不可能，他们也不可能有如此大的精力和足够的时间，因此就需要具备特殊的核心管理能力——教培能力。

教培能力指的是高级管理者虽然在某些专业或业务方向上没有足够的技能也不够了解，却能通过提问、启发、激励、引导、推进等手段，促使团队人才找到解决问题的方法，制订出推进工作的最佳计划，并最终付诸行动，同时确保工作质量达到市场要求。

当然，这也要求高级管理者所带领团队之中的人才必须拥有足够的潜力和能力，以及对应的发展意愿和渴求。

高级管理者拥有教培能力的最终目的是通过看似外行的手段，激发出团队的潜力，这个过程中需要高级管理者进行恰当的授权和委派，保持开放的态度去接纳各种人才与各种意见，同时调动起团队的积极性。

高级管理者在"外行"的领域，其实只需要具备足够的综合判断能力，能给予团队中不同人才最恰当的激励即可，即监督团队的发展方向和行进路径，确保其与企业的发展方向、愿景、使命相同，之后将任务布置下去，用合适的人做合适的事，再借助恰当的激励，促使团队人才努力去实现目标。

帅才：一把手的蜕变路

依托于企业发展实现职业生涯攀升，是绝大多数职场人的规划方向，而且大多数职场人在成为企业的高级管理者（即企业二把手）之后，就会达到职业生涯的顶峰。

但也有些人渴望能成为企业的引领者，即成为企业的一把手，想要自己带领企业向着更加光明的未来发展。企业的一把手通常处在自身的职业巅峰，属于企业之中的帅才，能成为企业发展方向、重大项目等的重要决策者。

大型企业在选择一把手的时候，通常有两种方式。

一种是采用外聘或空降的方式，如从企业总部外派高级管理者到分公司任职总裁。这样的安排模式有一个弊端，那就是外派者对分公司的状况、业务、市场等都不太了解。这种外聘或空降一把手的方式，只适用于一些临时安排或临时事件，比如，为了对分公司加强控制、为了协调分公司的资源、为了检验高级管理者的潜力、为了培养潜力极大的人才，或者为外派者的进一步晋升做准备等。

　　还有一种是将一些在专业领域很厉害的高级管理者安排到一把手的位置。通常这种安排模式属于刻意为之，目的也较为清晰，即临时对企业的某些职能进行有效把控。比如，想要加强财务管理，委派财务方向的专业型高级管理者成为一把手；想要提高产品研发成果，委派首席技术官成为一把手，引导企业技术研发取得突破；想要留住专业型高级管理人才，通过赋予一把手的位置凸显他的能力；等等。

☞ 晋升企业一把手的条件

　　真正的企业帅才、一把手，需要满足三个领域的条件。

　　第一个领域是个人领域，个体需要精力充沛且乐观向上，既能忘我工作又可以有效协调自己的时间；同时需要情绪稳定，抗压能力强，在面对各种问题和困境时，能有效激励团队，引导团队团结一心，拥有强悍的整合资源、运用人际关系网的能力。

　　在专业能力层面，个体需要成为引导者，能借助团队的力量，完成各种艰难的任务；在解决问题层面，能高效处理各种问题，并协调人员顺利完成各种任务；在领导力领域，具备敏锐的商业洞察力，能有效把控行业和企业的发展动态。

　　另外，个体需要具备坚定且符合社会发展的价值体系，不会被各种诱惑或问题影响，能一如既往地坚持自己的职业规划路线，踏实前行，同时职业规划路线、内心追求、人生使命能和企业的发展相契合。

　　第二个领域是岗位要求，个体需要明白，处在一把手的位置，必须做到卓越，可以引领企业未来的发展，成为一把手后能快速整合企业的各方面资源，组织企业各团队促进业务增长，共同追求企业愿景。

　　在带领企业发展的过程中，个体还要善于利用各方面资源，协调多方关系，促成企业内部协作，并契合外部发展条件，契合社会的发展和变化。

　　第三个领域是一把手技能要求，个体需要拥有较强的领导力，可以带领团队、企业达成更高的业绩目标，获得更高的利润；在带领企业发展的过程中，需要拥有敏锐的洞察力，可以洞悉行业的发展趋势、社会的发展动态，而且必须具备极为强悍的战略思维，捕捉战略时机，引领企业获得创新机会，并将其转化为企业真正的商业价值。

上述三个领域的条件中，最后一个最为重要。即要成为一把手，必须拥有强悍的战略思维和领导能力，可以将各种机会牢牢抓在手中，尽快付诸实践，为企业的发展提供源源不断的动力，不断挖掘企业的发展潜力。

☞ 盘点一把手的管理场景

虽然成为企业一把手是一些高级管理者渴求的职业转变，但是从发展状态来看，一把手属于职业生涯中非常高危的职业，稍有不慎就可能会一败涂地。

这是因为企业一把手需要承担更多的责任，包括企业发展战略目标的实现、企业财务的稳健发展、企业发展效率的提升，以及企业各种突发情况的应对等。同时，一把手还需要接受企业董事、投资商的监督和管理。

企业一把手首先要有效管理企业内部，尤其是管理企业中的中层管理者和高级管理者，他们通常专业能力极强，工作经验又极为丰富，其中的很多人是猎头的重点关注对象，随时有可能被猎头推荐到其他更具竞争力的企业，甚至可能被挖走成为企业的竞争对手。

这就要求企业一把手在具备足够能力的同时，还要耐得住孤独，不能表现出任何软弱，这样才能让企业内部感到踏实。

其次，企业一把手需要具备管理上级的能力。在此过程中，企业一把手需要在各个方面都表现出积极的一面，不能给上级留下无法胜任工作的印象。

企业一把手的上级人员情况也极为复杂：有企业集团的内行人，有关注企业现行状态和未来发展的董事，有只关注利润和回报的投资人，有重视企业股份和发展状态的股东，还有关注企业技术投入和回报的技术股东等。要想让上级对自己满意，企业一把手就必须具备足够的战略思维和开阔的眼界，能带领企业追求未来的发展，并引领团队和企业所有人一起实现企业的梦想。

这就要求个体必须拥有强大的知识体系、丰富的经验和娴熟的技能，对行业、社会发展趋势等洞若观火，最大限度地发挥战略思维能力。尤其是当今社会已经逐步过渡到智能时代，AI 的诞生促使企业发展必须和智能领域相结合。

再次，企业一把手需要具备超高的情商，能和上下级处好关系，一方面需要获得上级的信任，以便获得更大的企业发展自主权；另一方面需要让下属追随，无论是使命还是愿景，都能激发出下属的动力。

最后，企业一把手还要为企业制定契合社会现状和未来发展的战略目标，这个战略目标不仅要让上级满意，还要引领和推动下属竭力追求。比如，对于创新性的企业战略目标，一把手要积极主动地和上级进行沟通交流，展示出目标背后所蕴含的志向和使命，这样才能促使上级放权，使自己无阻碍地对企业内部进行战略部署。

树立新的战略目标之后，个体还需要从一把手的角度，制订具体的工作计划，并将具体的想法和实战经验灌输到企业内部各个环节，尤其是必须让高级管理者理解，这样才能更好地执行计划。

自由：拥抱自由职业者

多数人在开启职业生涯后会明确自己的职业定位和职业方向，一步一个脚印地不断在职场发展晋升，但是也有一部分人并不适应受人管制的状态，而是更渴求自由自在。

有这样想法的人，可以向自由职业者发展，追求"自己的地盘自己做主"。当然，很多自由职业者也是先进入职场，在一定程度上了解了职场的发展态势之后，才会做出职业转变。

自由职业者是自己给自己打工。在如今这个发展变化极快的时代，激烈的商业竞争、不确定的商业发展趋势以及人工智能的快速发展，使得既稳定又具有极大发展潜力和长远未来的职业越来越少，自由职业者的比例越来越高。

☞ 自由职业者的特性

自由职业者虽然追求的是自由，但并不意味着可以没有方向和动力，他们最基本的特质就是能自由选择为哪些人或哪些企业提供非连续性或临时性的专业化服务。

通常情况下，自由职业者需要对某项技能或职业方向具有强烈的兴趣，或者在某个领域具有超出常人的能力，此外，他们需要具备对应的商业敏锐度和强烈认知力，从而快速寻找到服务的对象和方向。

自由职业者所渴求的是自我价值的实现，这就要求自由职业者必须拥有非常直观且清晰的价值追求。当然，这种价值追求的实现，完全可以由个体独立完成，这样才能足够自由。

同时，自由职业者必须具备良好的身体素质。只有这样，在选择恰当的服务对象之后，才能更好地应对某些高强度的服务需求。

从发展特性来看，自由职业属于极为专业也非常自由的状态，自由职业者不仅不会在工作时受到过多约束，还可以尽可能地展示自我的能力，以便追求自我价值的实现。

自由职业者通常能按照自己的意愿和渴求去支配自己的时间，发挥自己的能力，但这种自由的状态也是喜忧参半的。比如，要想成为自由职业者，就必然无法借助企业的平台，也就无法通过企业平台的综合锤炼作用提升自我。

这就要求自由职业者必须拥有极高水平的专业能力，这样才能不借助企业平台获得较高的收入。而要想获得高水平的专业能力，自由职业者就需要具备良好的自控力，以便不断投入时间和精力，促使自身专业领域知识体系得到完善，能力得到提升。

在如今这个瞬息万变的时代，要想成为自由职业者，就必须不断充实自我，这样才能真正感受到自由。也就是说，要想得到相对的自由，就必须具备足够的实力，而且实力的获取还必须依靠个体自身来掌控。因此，自由职业者需要对自身发展的方向有长久的兴趣，这样才能给予自己源源不断的提升动力。

而且，自由职业者还必须能有效抵御外界的各种干扰，否则就无法真正按照自己的意愿实现属于自己的自由。

小计考入大学后，学的是工程方向的专业，本来这是一个容易就业且发展前景不错的专业，可是随着大学生涯的推进，他发现自己对工程方向的内容并不感兴趣。

由于小计从小就想在成年后写出属于自己的作品，因此他重新将自己感兴趣的文学拾了起来，在大学期间开始寻找机会构思作品，并在作品思路完善后走上了业余写作之路。

这个过程非常艰难，因为他从来没有自主写过作品，具体该如何构思，作品思路该如何完善也并不了解，所以他开始在上课之余不断自主学习。

也因此，他在大学时的各科成绩都不是太理想。同学、老师和家人一直在劝他，千万不要顾此失彼，毕竟工程方向的工作机会更多，完全可以一毕业就走上工作正轨。这些苦口婆心的劝说并未对小计产生太大影响，不过他也并未为了写作而放弃学业。

几年的大学生涯，在小计拖拖拉拉地跟着专业课程学习，以及不断练习写作、完善写作思路中结束了。他的写作也开始真正步入正轨，他的作品开始得到一些平台的青睐。

毕业之后，小计也曾进入工程领域工作，可是该领域的工作模式让他感觉非常受限，很多时候需要出差到工程所在地，并且需要根据工程进度不断改变作息和工作习惯。于是，他离开了工程领域，开始在家中自由创作，成了一名自由职业者。

在写作时，小计完全按照自己的节奏和感觉进行，在此过程中还获得了很多资深编辑、作家的建议。渐渐地，他形成了自己独特的写作风格，作品受到更多人的追捧，小计于是成了一名小有名气的作家。在这个过程中，他也受到过外界因素的影响，如有人想与他合作创作特定思路和风格的作品，但他认为既然选择了自由职业，那么就要学会展示自己的内容，所以通常不为所动，这种特性也逐渐成为独属于小计的个人名片。

☞ 新时代对自由职业者的要求

自由职业者最鲜明的特点是能坚持自己的喜好和兴趣，因此拥有极高的自由度，同时因为兴趣使然，自由职业者习惯于精益求精，所提供的服务质量通常也会很高。

多数情况下，自由职业者能自由选择服务对象，遇到并不想做的工作和不喜欢的客户，可以选择拒绝。这种做法在职场中完全无法想象，毕竟在企业工作，个体对于客户和工作都无法自由选择。

也就是说，自由职业者可以不自我妥协，只凭借自身的感受和喜好去做工作，去提供服务。但是随着时代的变迁，社会对自由职业者提出了进一步的要求。

即便工作自由度极高，自由职业者有时候也会遇到工作与客户需求不匹配的情况。在这种情况下，自由职业者通常需要做出一定妥协，以便满足客户的要求，这其实就是受到了现实因素的影响。有时候自由职业者也需要加班加点，因为有些客户的要求会非常急，为了不影响客户关系，自由职业者通常也会妥协。

除了会受到这些现实因素的影响外，新时代还对自由职业者提出了另外两个要求。其中一个要求是，自由职业者必须拥有足够的情商，以便获得更多的竞争力。

如今社会已经进入自媒体时代，互联网技术的普及使自由职业者需要具备很高的运营自媒体的能力。毕竟，在如今这个时代，酒香也怕巷子深，自由职业者要想凸显自身的能力和特点，就必须在互联网平台上运营自己。

如今的自由职业者，通常需要在互联网的各种媒介进行自我宣传，并且需要具备足够的自媒体交流沟通能力，包括了解客户需求、展现自我能力、宣传自身特点、形成雇佣关系等。

在当前的社会背景和时代背景下，拥有更高情商和更强自媒体运营能力的自由职业者，将会拥有更强的竞争力，也会更容易获得他人的认可，从而得到各种实现自我价值的机会。

另外一个要求是，自由职业者必须能不断接受新事物，尤其是新兴的人工智能领域。自由职业者应善于运用人工智能，以便让 AI 为自身的发展服务。

虽然 AI 无法完全取代人工，如一些个性化的服务和各种交流，但 AI 的快速发展能在很大程度上提高自由职业者的工作效率，自由职业者完全可以让 AI 成为辅助工具。因此，自由职业者需要以开放的心态去接受人工智能的普及，并尽快与 AI 融合，让其成为自己的助力。

创业：选择正确的赛道

有一部分人进入企业工作一段时间，会锤炼出非常强的工作能力，但又不喜欢寄人篱下的感觉，或者认为完全围绕公司安排好的目标工作太过限制自身，可能萌生"走出公司，自己做老板"的想法。

这种职业转变就属于创业。不过，相较于寻找适合的企业，在企业内实现职业生涯发展，创业更加艰难，失败的概率也会更高，即使创业成功，后续的守业也困难重重、危机四伏，属于一条极具挑战性又非常艰辛的职业道路。

创业这条职业道路也有多种不同的赛道，发展的方向和趋势也会有所不同，其中有三个创业方向选择者最多、最为常见。

☞ 麻雀虽小五脏俱全

第一种是自身拥有核心技术或核心服务能力的小公司，虽然整个公司人数可能无法突破百人，但能聚焦在极为细分的市场领域，以提供对应的技术或服务为主打。

这种小公司是如今社会急需的一类企业，通常情况下，是由具有极强专业能力或服务能力的自由职业者，以技能或服务为核心创建而成的。

此类小公司通常以创业者个体的强悍综合能力为基础与核心，吸引一批志同道合的人员，在市场上形成属于自己的独特竞争力。不仅如此，它还是整个社会细分市场中创新、技术进步、商业进步的关键驱动力。一些自由职业者如果拥有足够的情商和人脉，也可以尝试创建这种具有核心竞争力的小公司。

这种小公司也会因为创业者的价值追求，逐渐形成贯穿始终的企业理想，不仅灵活，而且工作效率高、赚钱迅速，通常创业者还会将赚取的利润再次投入公司中，以便拓宽业务方向，深挖核心技术，提供优质增值服务等。

这种小公司的核心竞争力及发展潜力巨大，如果在后续能得到投资人的青睐，可将核心技术拓展到一定层次，或者将优质增值服务流程化，也能逐渐发展为较大的规模型企业。

☞ "中间商"赚差价

第二种则完全不同，这种公司属于贸易型企业，并没有核心技术，可能也没有核心特色服务，只是以"中间商"的身份进入市场，借助"中间商"的贸易身份销售商品或服务，从而赚取差价。

看起来，创办这种贸易型企业好像很容易，但事实并非如此。虽然这类企业只是中间商，但对创业者的要求却很高。创业者不仅需要具备对应行业领域丰富的活动经验，还需要拥有极为敏锐的商业洞察力，以及特定的人际关系圈。

贸易型企业在市场中的竞争压力也非常大，因为这类企业通常没有核心竞争力，甚至没有对应的价值追求和使命感，完全是以增值赚差价为主，依靠的是创业者对市场的短期未来所拥有的敏锐洞察力和预见力，最终通过信息差来赚取差价。

举一个最简单的例子，如果有人通过当前的各方面市场信息，包括经济信息、社会信息、区域政策信息、行业发展信息等，预见到在短期之内市场会对某个物品或某种服务形成海量需求，这个人就可以大量囤积物品，或提前培训服务，待到市场出现大量需求时，物品或服务的价值必然会上涨，在恰当的节点，将囤积的物品或可持续供应的服务下放到市场，就能快速赚取差价。

当然，因为贸易型的创业企业赚取的是信息差价（也可以称为预见性差价），自然会面临一定的风险。尤其是当创业者分析信息出现失误时，如预见的内容和结果有巨大偏差，整个企业可能就会直接被市场湮没。

另外，贸易型创业企业也可能会面临激烈的竞争风险，因为对信息的分析和形成的预见性结果，不可能只有少数创业者可以做到，很多规模型企业、集团企业也会拥有对应的信息智囊团，他们同样可能预见到，而且对方的实力和底蕴更强。这无疑会对贸易型创业企业形成较大竞争压力，若创业企业能在竞争中生存下来，就能赚取到足够的差价；但若在竞争中被击败，那么整个企业就可能被规模型企业或集团企业吞并。

☞ 创立规模型企业

无论是拥有核心技术或核心服务的小公司，还是专门以信息分析和市场预见为核心的"中间商"，在创业者的领导下都有一定机会成为规模型企业，其中前者蜕变为规模型企业的概率更大。

对于具有核心技术或核心服务能力的小公司而言，如果创业者拥有敏锐的商业洞察力，能以前瞻性思维不断去评判未来发展趋势，同时有足够的魄力和能力，挖掘和团结符合公司需求的人才，审时度势抓住市场机会，不断深挖和研究核心技术或核心服务，让其成为企业的核心优势，并预见性地进行发展和蜕变，不断积累之下，原本的小公司就有可能成为一家规模型企业。

而且，具有核心技术或核心服务能力的小公司，如果技术或服务别具一格，极具市场新颖性和竞争力，也可能会快速吸引投资者的关注，投资者在详细评估之后，就可能为公司投资，同时辅助提供对应的人才和资本，从而推动小公司快速成长为规模型企业。

通常从具备核心技术或核心服务能力的小公司成长起来的规模型企业，其创业者必须具备很强的专业聚焦力，即能不断扩大自身的优势，并做出恰当的延伸和拓展，才能不断拓展业务渠道，推动公司的壮大和发展，最终使公司成为规模型企业。

"中间商"同样能成长为规模型企业，但是难度要更大。因为此类企业的创业者之所以能在激烈的市场竞争中存活并发展，依靠的是创业者极为敏锐的商业洞察力以及对信息的分析和对市场的预见能力。如没有核心技术或核心服务能力，企业艰难快速壮大。

　　如果想向规模型企业发展，此类企业的创立者就必须挖掘出独属于自己公司的核心技术或核心服务能力。对此，最简单的方式就是寻找到契合自身企业和所在行业发展方向的小公司，将其核心技术或核心服务能力与自己的企业相融合，这样企业就会具备更加长远的发展潜力，也才能拥有发展为规模型企业的底蕴。

第十章
规避风险·职场危机与陷阱

不做职场上的迷途羔羊

在漫长的职业生涯中，有些人可能会在某一个节点遭遇变故，主动或被动地结束自己的职业生涯。

之所以会出现这样的情况，大多是因为职场人对自我的认知不足，成为职场中的迷途羔羊。不根据自己的发展和变化、社会的变迁、企业的发展、自身的潜力等选择一条适合自身的职业赛道，最终不得不提前结束职业生涯。

☞ 别让缺乏耐心毁掉职业生涯

有一些职场人虽然在企业内部发展时智慧足够，也凭借多年工作拥有了扎实的经验，具备了娴熟的技能，并且在职业道路上不断磨炼各项能力，但是却非常缺乏耐心，甚至会因为缺乏耐心而根本无法在企业内长久工作，最终只能给他人留下一个拥有缺陷的个人名片，平庸地结束职业生涯。

老黄一直渴望能在自己熟悉的职业领域内成为佼佼者，并且为了这一目标，制订了一个非常清晰的发展计划。可是，十几年时间过去了，他一直都没有找到晋升的机会。

其实，老黄拥有非常扎实的专业技能，从高校毕业后，他就凭借自身的能力进了一家大型企业。几年间，他不仅熟悉了工作流程，专业技能也更加娴熟，但迟迟没有获得晋升的机会。

在老黄的眼中，这家企业的上司根本就没有识人之能，甚至还经常抢夺他的功劳和成果，于是他决定另起炉灶。很快，老黄便辞职找到了新工作。

可是，在新公司工作几年之后，老黄依旧没有得到晋升机会，在他眼中这都是因为公司的资源不足，根本没有能匹配他能力的直升岗位，而同事们也都得过且过，毫无进取心。

于是，老黄再次跳槽……

就这样，老黄十几年间跳槽无数，他认为这些都是企业、同事、上司乃至职业方向的问题。最后一次跳槽之后，他好久都没有找到恰当的企业和岗位，原来在他这个行业，很多企业知道他习惯跳槽，根本无法在企业内部安心踏实工作。蹉跎几年之后，他再也无法继续在所熟悉的职业领域发展。

上述案例中的老黄，就是一个标准的职场迷失者，他感觉自己的付出和回报不成正比，又时常认为自己怀才不遇，觉得无论哪家企业都没有真正挖掘出自己的潜力，最终连他自己也不知道该如何继续前行，彻底断送了自己的职业生涯。

这种不断跳槽、没有足够耐心的职场人，有些可能拥有出众的能力，解决问题的手段和方法也非常娴熟有效，甚至还拥有极为敏锐的商业洞察力，善于发现和捕捉机会，但是也正是因为具有这种能力，他们总是流连于各种不同的企业，期望能在不同企业发挥出自己的潜能。

频繁跳槽让他们无法在一家企业长久深耕，导致他们的雄心根本无法实现，毕竟没有哪一个平台喜欢一个时常更换"东家"的人才。如果你也是这样的人，那么最好的做法就是找准你的职业道路，寻找一家契合自身发展又具有未来发展潜力的企业扎根，然后坚持不懈地向既定的方向前进。

☞ 不要因为短视迷失在路途

还有一类职场人，在职业路上容易因为短视而做出错误的抉择，尤其是在遇到关键抉择时，会因为短视而无法预估自己的职业目标，最终只能迷失在职业道路上。

老谢自机械加工专业毕业后就一直在相关领域工作，更是凭借扎实的专业技能，早早成为公司机械加工部门的领头羊，还在几年前被提拔为部门的负责人。

随着时代的发展，机械加工领域开始向精细化蜕变，老谢所在的公司也在所难免，为了提高市场竞争力，公司开始研发突破精细加工技术，而他作为机械加工部门的负责人，自然被委以重任。

可是，因为研发突破精细加工技术需要公司极大的投入，所以公司只是稍微提高了他的薪酬，并未给予过多的优待，当然，也提出了若能实现突破，会给予股份奖励的允诺。

就这样，老谢开始带领着技术团队一步步攻坚。虽然在大家齐心协力之下，很多小问题、小困难很快被攻破，机械加工的精细度也得到了提高，可离实现精细加工还很遥远。因此，整个精细加工技术的突破任务陷入了僵局。

恰好这年老谢的孩子考入大学，学费和生活费都很高，再加上贷款的压力，他开始为收入发愁。技术攻坚难度很大，但收入却没有起色，经济压力迫使他开始寻找出路。

公司的产品业务部其实也在寻求产品出路，老谢虽然常年从事技术工作，但是同样拥有非常广阔的市场人脉，于是业务总裁建议他调任到业务部任副总，以便拓展产品的销路。最主要的是，进入业务部不仅能得到更高的薪酬，而且拓展销路还有高额的绩效，这一下解了老谢的燃眉之急。

很快，老谢就凭借自己的人脉和对产品的深入了解，拓展了新的销路，薪酬和绩效自然也水涨船高，缓解了自己家庭的经济压力。可是他毕竟是技术出身，虽然对人际交往不排斥，但是也并不喜欢，更何况还需要和不同性格、不同特点的客户打交道，所以半年时间下来，他备感焦虑，为了保障生活，又不得不坚持。

就在老谢转岗半年之后，技术部门在他原来副手的带领下，终于实现了突破，机械精细加工达到了市场所需的水平，目前成本虽然稍高，但只要继续研发，成本很快就能降下来。于是，原部门的所有员工都得到了一笔不菲的经济奖励，同时得到了公司的股份，他的副手也直接成为公司的技术总裁。这时老谢才发现，自己只能继续在不喜欢的方向上发展。

案例中的老谢，如果凭借娴熟的技艺坚持下去，并借助他对该领域的喜爱，攻坚突破只是时间问题。但是，他却没有规划好自己的职业道路，为了一时的需求，转投到另一条职业路上，最终根本无法实现契合自身的职业发展目标。这种短视的做法，导致老谢迷失方向。

别辜负你的坚持和努力

在职业发展过程中，职业规划虽然非常重要，但与一个拥有长期发展潜力和广阔未来的企业相互信任、彼此成就更加重要。

如同人生一样，很多企业在发展过程中也会出现低谷、困境，作为企业一员的你，如果在企业进入困境时，以"寻找更好的机会"为由离开企业，进入另一个截然不同的企业，甚至转变了行业、转变了职业方向，到最后就很可能因为职业赛道的变更，使自己的职业生涯发展受到限制。

☞ 职业生涯也需长期坚持

要想和企业实现彼此信任，长期的坚持是必不可少的一环，这和人与人之间的彼此信任并无差别，毕竟"路遥知马力，日久见人心"。很多时候，在职场之中，企业的低谷时期是最容易建立信任的阶段。

老胡和老焦在大学期间是同班同学，还是同宿舍室友，两人性格互补，老胡开朗跳脱，老焦稳重踏实，所以两人关系非常不错，甚至还相约未来共同发展。

两人所学专业属于技术领域，老胡因为性格更加开朗，所以毕业之后进入了相关专业领域做业务，充分发挥了自己善于和人沟通交流、情商较高的优势。而老焦则进入了专业领域做技术人员，更倾向于默默提高技术能力。

不过也正是因为老胡性格跳脱，他并未一直留在同一家企业，而是凭借自己的沟通能力，只要发现有更适合自己发挥优势的机会就会跳槽，所以并没有一直在专业领域发展，而是横跨了多个行业，在每个行业都获得了不菲的经济收益。

老焦则有所不同，他性格稳重负责，在专业领域的技术水平达到一定程度后，进入了一家同领域的大型企业继续做技术专员，并兢兢业业不断努力和提高自己，慢慢成为企业之中的技术部门领导。

相比较而言，老胡在经济层面获得的收入要远高于老焦，甚至跨越行业之后，依旧能凭借自己的高情商和手上的资源，快速获得竞争优势。在此过程中，老胡多次劝说自己的朋友跳出专业领域，更灵活地应对竞争激烈的社会，这样也能得到更可观的经济收入。可老焦并不热衷于此，他一直扎根于专业技术，从未有丝毫松懈。

有一次，老胡听说老焦所在企业正在面临对手企业的技术压制，甚至导致作为技术部负责人的老焦在企业中举步维艰。老胡再次劝说老焦离开专业领域，和他一起从事业务工作。可老焦认为企业培养了自己，企业遭遇问题，自己更应该发挥技术优势，帮助企业渡过难关。

老胡奉劝多次无果之后，也断了继续挖老焦的念想，而是继续跳脱地在不同行业和领域从事业务，以便获得更加丰厚的经济回报。短短几年，老胡就获得了不菲的收入，与之相比，老焦的收入和发展却陷入了僵局。

从上面的案例可以看到，两人的发展好像都进入了独属于自己的职业赛道，老焦一直在专业领域技术层面深耕，但是因为同行竞争激烈，老焦的职业道路非常艰难；而老胡则在不断挖掘自己的业务潜力，获得了不菲的收入。相比较而言，老胡的发展比老焦更具优势。

只是，这样的发展情形仅仅是表象，两人的职业生涯发展其实早已经蕴藏巨大的变化。而这种变化，就显现在未来。

虽然老焦所在的企业受到对手公司的技术压制，但是在老焦及其带领团队的不懈努力和坚持之下，企业的技术在一段时间后终于取得了突破，企业随之在一定程度上超越了对手公司，一举成为该专业领域的顶级企业。

随着企业的壮大，老焦在技术部门的发展道路也越发通畅。企业为了在市场上站稳脚跟，开始做出发展调整。高层决定开启新部门，专门进行技术攻关和创新研发，老焦作为技术部门的顶梁柱，而且是与企业同甘共苦的元老，自然得到了这个重要的发展机会。

老焦也不负众望，借助企业提供的外部培训机会，对整个行业的发展态势有了更加清晰的认识，同时借助自己在技术领域的经验和优势，回到企业后就开始大刀阔斧地改革，很快取得不菲的成绩。企业也给予了老焦回报，将老焦升为了企业的首席技术官，老焦正式进入高层管理者行列，未来的职业生涯发展一片坦途。

老胡依旧在不同行业间跳来跳去，虽然借助自己的资源和高超的业务水平获得了不菲的经济回报，但是随着年龄的增长，高强度的工作让他越来越力不从心。可是他在业务领域的发展主要侧重提高收入，在管理和领导力培养方面从未重视过，因此他对自己未来的职业道路丝毫没有信心。

可以看出，两个人的职业发展道路已经变得截然不同，老胡一直在不停地转换职场赛道，跨越不同的行业，并未在同一家企业、同一个行业坚持深耕，而是以追求更高的收入为目的，在职业生涯中更注重个人贡献，不注重团队合作，因此根本没有成为企业一把手的机会和实力。

老焦则一直在同一个专业领域坚持和努力，甚至在企业遭遇危机之时依旧不离不弃，兢兢业业不断攻艰，将自己的技术提升到了巅峰，并帮助企业走出了低谷。这种坚持和努力自然会得到企业的信赖，因此企业才给予了老焦晋升的机会。最终，老焦被提升为企业的一把手，拥有了更加广阔的发展空间和更加光明的发展前景。

很多时候，职场中的发展贵在坚持不懈，需要个体与企业建立深度信任。

☞ 踏实和信任，也是竞争力

任何一个职场人，其实都在海洋中争渡的大船上，只不过不同的人会选择不同的船，也会在船上选择不同的岗位。有些人会不断从一条船跳到另一条船，渴望走上不同的航道，但从中途下船的人，重新上船必然需要重新拼搏和适应。

有些人则会在一条船上不断坚持，也许他们刚上船时只是一名普通"水手"，但随着不断努力、不断提高能力，他们就可能升为"水手长"。这时，他们就有机会去了解其他领域的一些技能，如轮机操作、舵轮操作、航海图观测、航线调整等，并逐渐获得船长的信任，开始在这条船上不断提升实力，并获得晋升。

这些人能踏踏实实、兢兢业业，即便最开始能力有所不足，在长久的坚持和努力下，也能逐渐完善自己的能力，发挥出自己的优势，从而成为船上必不可少的一分子，最终得到船上所有人的信任，这时的他们也许就能登上副船长乃至船长的位置。

对于那些习惯在不同职场赛道拼搏、习惯跨越企业乃至行业的人，需要注意一个问题：不论选择哪个赛道，都会有专业技能极强、经验丰富且见多识广的竞争者，就如同前面案例之中的老胡一般，跨越多个行业，每个行业都会出现众多竞争者。

如果一直深陷于各种激烈的竞争中，却不去强化自己的核心优势，到最后就会陷入非常尴尬的境地：因为不断更换赛道，所以无法得到企业的深度信任；因为在不同赛道竞争，所以没有足够的精力在一个领域持续深耕和努力；因为无法得到企业深度信任，没有精力深耕并发展能力，所以无法培养出真正的核心竞争力，很容易在后期竞争中失去优势。

其实，在同一个行业、同一个领域、同一个企业之中能长久坚持，踏踏实实提升自己，创造价值，并通过坚持和努力获得企业的信任，同样是一种重要的核心竞争力。在一定程度上，这种踏实和信任甚至能让你在属于自己的职场赛道上更快地成长。

被淘汰的仅是你的价值

很多人在职业生涯发展过程中会发现一些企业中出现的奇怪现象，那就是企业会给内部老员工制定严格的制度，但是在招揽新人的时候，又会直接打破这些规则和制度。

比如，很多职场人见过这类情形：公司所制定的某个岗位的薪资水平通常会处于一个范围内，公司还会针对不同员工的经验、能力、状态给予评价后匹配不同的薪资。

而且，薪资水平还会有一个明显的上限，即当这个岗位的老员工在经验、能力和状态方面都达到了很高水平，企业就会给予最上限的5000

元薪资，即便员工依旧在积累经验、提高能力，并一直保持极佳状态，薪资也无法再继续上涨。当然，公司依旧会根据员工的业绩给予奖金和提成。

整体看来，这样的薪酬模式是比较公平的。但是，这种带有上限的薪资，有时会被公司的老板直接打破。比如，老板新招入的员工甚至才刚刚走出校园，根本没有工作经验，能力也尚且无法评判，但是老板却可能会给予他们高于内部老员工的薪资（如给予对方每月 6000 元薪资），奖金和提成也按照业绩来给付。

这种做法，就仿佛老板招人给予的基础薪资是"内部克扣、外部完全打开"一样，根本没有标准和规则可言。有时候老板的这种做法会让很多老员工感到不公平，从而离开公司，尤其是那些实力强、能力强，而且经验丰富的老员工，更会感觉不甘。

☞ 职场中的价值观念

之所以会出现上述情形，其实和企业以及老板的价值观念有关。换一个角度来说就是，企业或老板之所以会不惜打破自己所制定的规则和制度，关键因素在于企业或老板内心对个体的价值评判。

不论是谁，在企业或老板的眼中都代表着一定的价值，企业或老板评价个体价值的手段也不一而足。也就是说，个体的能力和经验有时在某些企业或老板的眼中根本没有任何价值，但对于其他企业或老板而言，却可能极具价值。

这就是职场中的价值观。如果你在职业生涯发展过程中遭遇过各种各样不同的淘汰模式和打破规则的企业或老板，那么你就应该明白，被淘汰的并不是某些个体，而是个体对企业或老板的价值。

当个体的价值在企业或老板的评价中已经固定，那么企业或老板给予个体的薪资、奖励等，就会处在一种固定的状态；如果企业或老板感觉个体对于企业而言已经完全没有价值，那么最终的结果自然是将这一个体淘汰。

　　大多数情况下，拥有较大发展潜力和未来发展空间的企业，对员工价值的考量是比较公平的，也就是说如果个体在企业内部能不断提升工作能力，更重要的是能源源不断地为企业创造更多的价值，那么在企业或老板的眼中，这位员工的价值就一直在增加，在公平规则的基础上，个体的薪酬自然也会不断提高。

　　企业内部的个体同样会对自己的价值进行评判。有些企业内部的老员工，在评判自己的价值时会产生一种"没有功劳也有苦劳"的心态，所以看到有些新人刚刚进入企业就能获得比自己还高的基础薪资，就会生出一种不公平之感。

　　之所以会出现这样的后果，很大程度上就是因为老员工的经验虽然丰富，但是能力却不一定比得上新人，甚至可以说老员工在企业的很长一段时间里成长并不明显。从企业或老板的角度看，老员工虽然经验丰富，但是在付出、贡献以及为企业创造的价值等方面，好像已经无法匹配所得，因此企业或老板宁可选择新人。

　　很多新人虽然经验不足，但是发展和成长的潜力却很大，而且多数新人学习能力强，未来上升空间大。从价值角度来看，新人的价值比那些仅有苦劳的老员工的价值要大很多，所以企业或老板自然舍得用高于老员工的薪资来实现企业新鲜血液的供应。

☞ 客观评估你的价值

　　作为企业一员的你，完全可以通过自我评估的方式，来感受一下自己到底有多少价值。

　　最简单的方法就是对你如今的收入进行简单评价，即评价你对现在的薪资收入是什么感受：一是非常满意，二是一般满意，三是不太满意，四是非常不满意。

　　通常情况下，答案会集中在后面三种，即一般满意、不太满意、非常不满意，而且答案中一般满意和不太满意的比例非常高，甚至可能达到 90%。毕竟，如果对收入非常不满意，个体早已经忍无可忍另谋高就了。

答案之中非常满意同样极为少见，甚至可以说几乎不可见，因为这个问题虽然是评价个体对如今收入的感受，但是对于对未来有所期望、渴求继续进步的个体而言，他们会认为自己还有更广阔的发展空间和发展未来，如果对收入已经非常满意，就可能再也没有继续拼搏和提高的动力了，因此答案基本是以一般满意为开端的。

其实对收入的这种简单评价只是一种主观感受，还有一种简单评价是真正对收入心生不满，其通常源于个体的横向比较，即和自己的同龄人，或与自己同时来到企业、起点相同的同事进行比较。

比如，某人进入企业已经 5 年，基本薪资水平已经提升到 6000 元，但他发现与自己同时进入企业、年龄和自己相仿的一位同事的基本薪资已经提升到 8000 元，在他的认知中，两人的经验、能力并无太大差别，于是他就会心理失衡，认为自己的能力被低估了。

如果他在和对方对比时，发现对方在某些方面甚至还比不上他，这种不平衡心理就会越来越严重，从而形成一种强烈的不满。

既然在这种简单的评价手段中，个体的主观性会占据很大比例，那么你该如何正确评估你的价值呢？最简单的手段，就是进行换位思考，即把自己代入企业、老板的角色，从企业、老板的角度来反问自己是否会用你所期望的薪资雇用你。

这个答案更加客观，当然，也可能会显得更加残酷，但是，残酷的真相也是推动你不断前进、提升的基础。正如上述对比中，个体若能换位思考，可能就会发现，虽然同事在某些方面比不上自己，但是同事为企业创造的价值更大，在其他方面的能力高于自己。若他能认清自己的劣势，并有针对性地提升，也许过不了多久，就能获得更高的报酬。

不要迷信那些"所谓权威"

在职业发展过程中，尤其是当我们还没有成为某一个领域的专业人士时，经验和能力必然会有不足之处，因此遭遇问题或困境时，难免需要从其他人那里获得一些指点，最常见的便是向同领域的权威人士寻求帮助和指导。

☞ 千万不要照本宣科

这种做法无可厚非，毕竟每个人都是逐步成长的，难免需要求助于他人，只有通过实践获得经验、锤炼能力之后，才拥有独立完成工作的实力。但需要注意的是，有些人在这个过程中会逐渐迷信权威人士，甚至只要遭遇问题或困境，就会想方设法找权威人士寻求指点。

这种没有学会独立思考，而且获得指点之后也容易照本宣科去执行的做法，导致个体的工作根本无法获得进展。

小杨和小赵同一年进入一家企业担任外贸业务员，他们的核心工作就是通过网络渠道联系企业产品的已有客户和潜在客户，完成对企业产品的推荐，在增加客户储备的同时提高产品销售额。

两个人在刚刚进入企业时，根本不知道如何着手工作。为了让新入职的员工尽快适应，企业内部经过多年总结，得出了一套权威的外贸业务工作指示，将很多细节阐述得明明白白。

这套权威指示就包括了小杨和小赵最渴望知晓的问题答案，如联系客户时应该怎么进行报价。指示明确说明，需要询问清楚客户的需求，包括产品材质需求、包装需求、数量需求，材料和工艺特征，是否有目标价格，能否提供样品供企业评判，采购量一季度有多少，通常如何进行合作，等等。

小杨在得到权威指示之后，可谓眼前一亮，很快就借助权威指示找到了工作方向，开始总结相关的问题和内容，足足整理出十几条问题，并根据企业提供的已有客户与潜在客户的联系方式，进行问题投递。

小杨一直在兢兢业业根据权威指示联系客户，可是半个多月过去，他得到的客户反馈却少得可怜，甚至可以说所有问题都石沉大海。

小赵得到权威指示之后，发现这种手段好像最适用于中层以上的领导，因为很多需求、定价，只有中层以上的领导才拥有自主决策权。他同样象征性地投递了几次问题，在没有收到反馈后，很快就调整了工作方向。

小赵开始根据企业客户资料，挖掘已有客户与潜在客户的可能性需求，然后根据客户的可能性需求，提供了两种以上的产品服务方案，并分别标明了不同特性产品的生产效率和服务理念，还根据推论的客户需求，提供了不同产品数量的不同报价。简单尝试了几次之后，他就得到了几位客户的反馈和咨询，借助这样的方法，他很快就积累了自己的客户，第一个月就开出了数单。

案例中的两位职场新人，起点完全相同，均得到了权威指点，但是最终的结果却天差地别，造成这一结果的根本原因就在于小杨太过迷信权威，一丝不苟完全照本宣科，最终只能一无所获。

小赵却不同，他借助权威指点获得了解决问题的方法，但该方法并不够实用，于是他在思考后做出改变，从简单询问客户一堆问题转变为分析客户潜在需求，给予客户不同的方案，以便客户可以快速选择，从而很快得到了客户的回应。

小赵的做法，是一种通过简单换位思考优化而来的工作方式，试想，如果你是客户，时不时会收到某个企业的邮件，里面的内容竟然是十几条问题，即便你真的感兴趣，也会因为需要回答这些问题而不胜其烦；但是如果你收到的是恰当有效的解决方案，而且提供了多种选择，只需要寻找匹配自己需求的方案即可，那么你自然就会乐于反馈。

在现实职业生涯中，很多时候所谓的权威提出的某些解决问题的方法，其实有不同的适用背景，如案例之中的权威指示，这些内容确实是联系客户时需要了解的，但有一个前提是适用于中层以上的领导，他们不仅拥有已经成熟的老客户，而且已经和潜在客户有过面谈，所以更容易获取反馈并建立深度联系。

但两位新人与中层以上领导的情况截然不同，前者刚刚进入工作岗位，没有自己的客户储备，也没有属于自己的人脉，客户与他们并不相识，根本不可能耗费精力和时间去回答各种各样详细的问题，迷信权威的新人自然也就无法通过邮件获得客户青睐。

☞ 努力让自己成为权威

在职场中，我们不能迷信那些所谓的权威，而是应该不断成长、提升，逐渐让自己成为某个领域的权威。

当然，这并不是说进入企业之后，内部的权威指示、权威人士无法起到作用，而是说不要将这些权威奉为圭臬。毕竟任何事都不绝对，权威之所以能成为权威，是因为这些人士的确用这样的方法和手段获得了成功，可他人如果完全复刻这些方法和手段，却未必能走向成功。

你需要记住一点：权威的成功往往是独特而难以复刻的。因此，要想自己成功，可以借助所谓权威的经验，但不能照本宣科，而是要从中寻找和挖掘出最适合你的手段方法，并努力让自己成为权威。

要做到这一点，就必须在职业生涯中学会独立思考，这需要个体具备发现问题、面对问题、解决问题的能力。而且，不同的问题出现节点、变化趋势、解决方案都和现状息息相关，只有学会独立思考，才能剖析问题并有针对性地解决。

有些企业的管理者，为了练就下属独立思考的能力，从不会充当权威人士，从不会直接给予指点，而是通过引导来促进下属逐渐形成独立思考的能力。

比如，管理者在下属询问各种问题、渴求各种指点时，会要求下属先摸索自己的思路，找到几种处理问题的可行性方案，尽管这些方案可能极为普通，甚至有很多漏洞，但反映了下属的思维过程，管理者可能会要求员工在独自形成方案之后才有机会与自己进行探讨。

在探讨的过程中，管理者可以通过恰当的引导，促使下属自己发现不足并填补漏洞，从而形成越来越成熟的方案，这样才能锤炼出下属独立思考并解决问题的能力。

作为初入职场的新人，同样需要学会独立思考，在询问和请教问题前先要形成自己的思路，并对思路之中可能遭遇的困境和障碍有一定了解，这样才能在与权威探讨时获得更契合自身思路的指点。

有些时候，权威人士所提供的思路并不一定适用于你所遇到的现实状况，这时你就需要积极主动思考，将权威提供的思路与自身现状相融合，权衡得失并综合考虑之后，再形成最适合自己的解决方案。

只有通过不断努力、积极思考，并辅以权威人士的指点，才能在实践中逐步完善自己的思路和想法，最终形成独属于自己的工作方式。之后，再通过后续工作不断完善自己的工作方法，久而久之，自己也必将成为真正的权威。